Die Enzyklopädie
der Dummheit

Matthijs van Boxsel

Die Enzyklopädie
der Dummheit

Aus dem Niederländischen
von Anne Middelhoek

Eichborn.Berlin

Originaltitel: De Encyclopedie van de Domheid
© 1999 by Matthijs van Boxsel
Originalverlag: Em. Querido's Uitgeverij BV,
Amsterdam

Der Essay »Über die notwendige Dummheit
der konstitutionellen Monarchie« entstand
im Auftrag des Amsterdams Fonds voor de Kunst.

Die Übersetzung wurde gefördert vom Nederlands
Literair Produktie- en Vertalingenfonds, Amsterdam.

Abbildung Titelblatt: »Allegorie der Dummheit«
von F. Ottens, aus: H. K. Poot, *Het Groot Natuur-
en Zedenkundigh Werelttoneel*, Delft 1743

Die Deutsche Bibliothek – CIP-Einheitsaufnahme

Boxsel, Matthijs / van:
Die Enzyklopädie der Dummheit / Matthijs van Boxsel.
Übersetzt aus dem Niederländischen von Anne
Middelhoek. - Frankfurt am Main : Eichborn, 2001
ISBN 3-8218-1596-5

© für die deutsche Ausgabe: Eichborn AG,
Frankfurt am Main, 2001
Lektorat: Esther Kormann
Umschlaggestaltung, Layout und Satz:
Petra Wagner, Hamburg
Umschlagmotiv: Narrenporträt, Gemälde vom
sog. »Meister der Angerer-Bildnisse«, um 1520
Druck und Bindung:
Graphischer Betrieb Bercker, Kevelaer
(Eichborn.Berlin)
ISBN 3-8218-1596-5

Verlagsverzeichnis schickt gern:
Eichborn Verlag, Kaiserstraße 66, 60329 Frankfurt
www.eichborn.de

Inhalt

I   Die schwarze Fahne

Die Akademie der Dummheit

Wenn Ihr aufmerksam seid und das Gesagte versteht, werdet Ihr weise und glücklich sein. Wenn nicht, so werdet Ihr mit Torheit, Unglück, Kummer und Dummheit geschlagen, und Unheil wird über Euch kommen. Denn die Erklärung gleicht dem Rätsel, das die Sphinx den Menschen aufzugeben pflegte: Wer es ergründete, wurde verschont, wer es nicht ergründete, von der Sphinx vernichtet. Mit dieser Erklärung verhält es sich ähnlich. Denn seht, für die Menschheit ist die Dummheit die Sphinx. Die Dummheit spricht in Rätseln über folgende Fragen: Was ist gut, Was ist schlecht, und Was ist weder gut noch schlecht im Leben? Wer diese Fragen nicht zu ergründen vermag, wird von ihr vernichtet, jedoch nicht mit einem Schlag, wie der, den die Sphinx verschlingt. Vielmehr wird er ganz allmählich, zeit seines Lebens vernichtet, gleich jenen, die zur Strafe in Gewahrsam genommen werden. Versteht aber jemand sie, wird die Dummheit ihrerseits vernichtet, und er selbst für immer gerettet, gesegnet und glücklich sein. Was Euch angeht: Gebt acht, versteht mich nicht falsch.

Tabula Cebetis (2. Jh. n. Chr.)

Unter sternenlosem Himmel dreht sich eine Tretmühle. Eine Seifenblase wird vom Winde verweht. Frösche quaken einen gekrönten Klotz an. Die Weide lacht.

Unerschütterlich zieht der Enzyklopädiker durch die immer wieder überraschende Landschaft der Dummheit. Sein registrierender Blick ist

Porträt von Matanasius

Aus: *Chef d'œuvre d'un inconnu*, Den Haag 1714

kühl und unsentimental. Er schlägt einen Mauleselpfad ein, der ihn an Gefäßen voller verlorenem Verstand, einem Haha, der sich durch die Wiesen schlängelt, und einer Tür ohne Mauern vorbeiführt. In seiner Botanisiertrommel liegen eine schwarze Tulpe, eine Narzisse und Gauchheil. Nachdem er sich an einer Mannstreustaude gestochen hat, stillt ihm der heilige Tumbo das Blut. Er zieht durch abgelegene Bergdörfer, bereist rückständige Provinzen und träumt von Laleburg.

Dann erreicht er die Akademie der Dummheit. Auf dem Dach flattert eine schwarze Fahne, die alles Licht verschluckt und nichts reflektiert. In eine Wolke gehüllt, liest die göttliche Dummheit auf dem Fries entlang der Kuppel ihre eigene Geschichte: Lachende Menschen heben Löcher aus, um darin die aufgebuddelte Erde zu vergraben.

In der Galerie des Akademiegebäudes stehen auf einer Reihe von Sockeln marmorne Statuen, darunter eine in einen Fischschuppenmantel gekleidete Figur, eine Frau mit Augenbinde und einem Rad in der Hand, die auf einer schiefen Ebene hockt, sowie ein Mann mit einem Schweinskopf.

Über der Eingangspforte hängt das Wappen der Dummheit: ein Schild mit einem Blasebalg, flankiert von einem Pfau und einem Esel. In der Helmkrone nistet ein Papagei. Glasmalereien zeigen eine Sphinx und darunter den Schriftzug:

Wer ist intelligent genug, seine eigene Dummheit zu begreifen?

An den Wänden der Eingangshalle ist eine von Schmeißfliegen und Wespen heimgesuchte Menge Namenloser abgebildet, die einer wirbelnden Fahne hinterhereilt. Durch den monumentalen Treppenschacht, in dessen Mitte sich Prudentia im Spiegel betrachtet, betritt der Dummschaftler einen kreisrunden Saal. Das gigantische Gewölbe wird von mythologischen Dummköpfen getragen: von einigen Giganten, dem Zyklopen, Epimetheus, König Midas und einem Mann mit einem Stein im Mund. Die hohe Decke ist mit einer Apotheose der Dummheit bemalt, solcherart, daß das Dach herabzustürzen scheint.

An der Wand prangt eine Weltkarte, gespickt mit Hunderten von Fähnchen, die sprichwörtlich dumme Orte und Landstriche wie Schilda, Gotham und Ostfriesland markieren. Neben einem Eselsschatten sind ein irischer Krug, dessen Henkel sich auf der Innenseite befindet, und eine lockere Schraube ausgestellt.

Auf einem Kalender sind der 1. April und 11. November umrandet, dazu jeder Mittwoch, die Fornacalia im Februar, das Geburtsdatum des heiligen Polykarp und Sankt Matthias, der Schalttag, an dem das Delirieren gestattet ist. An den Rand sind astrologische Zeichen gekritzelt – wer im Mai oder unter dem sechzehnten Grad des Leo geboren wird, ist dumm.

Der Fußboden ist übersät mit Instrumenten von Schädelmessern, einem Modell der hohlen Erde, Karten von Atlantis, Utopia und Lemurien. An allen Objekten hängen Schildchen mit Texten, Jahreszahlen oder Zeichnungen.

Der Besucher folgt einem Pfad, der an Flora und Fauna der Dummheit entlangführt: ein Käfig mit einer Gans, eine Eule auf einem Baumstumpf, ein Fisch im Glas. Eine Fledermaus flattert durch den Raum. Auch läuft ein kopfloses Huhn umher. Unter dem Zipfel eines roten Vorhangs, auf dem mit Goldfaden eine Krone gestickt ist, schaut eine Sau hervor. Diese und andere Tiere (die meisten von ihnen eßbar und domestiziert) bevölkern zusammen den törichten Tiergarten, das *bestiarium stupidum*. Der Spaziergang führt des weiteren an einem Mohnstrauß, Brombeerbüschen, einem Ahorn, einem Geranientopf und einem Kasten mit einem Mandelbaum vorbei. Unterwegs entdecken wir auf einem Sofa eine Blondine, die einem Macho schöne Augen macht. Im Hintergrund singt ein Chor a cappella den Song *Stupid Cupid*. Schließlich landet der Besucher in der Bibliothek der Dummheit. Ein Holzkopf fungiert als Buchstütze für Standardwerke über die Dummheit:

- *Von der Wollust der Dummheit*
- *The Anatomy of Error*
- *Der Begriff der Dummheit bei Thomas von Aquin*
  und seine Spiegelung in Sprache und Kultur
- *La folie dans la raison pure*
- *Über die Dummheit. Eine Umschau im Gebiete*
  menschlicher Unzulänglichkeit. Mit einem Anhange:
  Die menschliche Intelligenz in Vergangenheit und Zukunft
- *Le leggi fondamentali della stupidità umana*
- *Die Onomasiologie der Dummheit*

In einem separaten Regal steht *Psittacisme*, ein gelehrtes Buch über das gedankenlose, papageienhafte Nachplappern anderer Leute. Es lehnt an einem Stoß Nachschlagewerke, in denen die Sprache der Dummheit aufgezeichnet ist – *sottisiers* und *bêtisiers* voller Fehlleistungen, Gemeinplätze und Klischees. Der Buchrücken eines dicken Wälzers trägt die Aufschrift *Presse und Rundfunk*. Beim Durchblättern stößt man auf Äußerungen wie:

– Aus Unternehmen: BASF macht in Windeln.
– 1. Mai bleibt friedlicher als befürchtet.
– Titten, Thesel, Temperamente.
– In den nächsten zwei Jahren sollen Studien an menschlichen Versuchstieren die Ergebnisse bestätigen.
– Man läßt das alles nochmal Paroli laufen.
– Pelz war bis vor kurzem verpönt. Das Tragen toter Feller glich einem Spießrutenlauf.

Auf turmhoch aufgestapelten Archivkästen liegen ein Nürnberger Trichter, ein bleierner Hut und eine Schale mit abgeschnittenen Kindernägeln. In den Zettelkästen halten Reiter die Kärtchen in Reih und Glied. Ist etwas einmal ins Archiv des Dummschaftlers gewandert, kommt es so bald nicht wieder heraus …

Ferner gibt es eine Sammlung Schallplatten von Musikern wie Lou Reed *(Stupid man)*, Dolly Parton *(Dumb blonde)*, Frank Zappa *(Dumb all over)*, Graham Parker *(The Museum of Stupidity)* und dem unvergeßlichen Alvaro Amici mit seinem *Roma, nun fa la stupida stasera.* Der Morosoph setzt sich an sein Cembalo und spielt *Les niais de Sologne* vom Onkel Rameaus. Ein Fernseher in der Saalmitte gibt den Blick frei auf die Welt. Lachsalven aus der Konserve erklingen im Sekundentakt.

Der Einfall

Ein Wehrpflichtiger liest während der Musterung jedes Stück Papier, das er sieht, auf und sagt dazu jedesmal: »Das ist es nicht, das ist es nicht.« Der Psychiater hält ihn für verrückt und stellt ihm einen Ausmusterungsschein aus. Der Wehrpflichtige schaut sich den Schein an und sagt: »Das ist es!«

Auf der Suche nach einem Thema, auf das ich all meine Kräfte konzentrieren könnte, einem Gegenstand zudem, der mir das Äußerste abverlangen würde, nahm ich alles zur Kenntnis, was mir unterkam, ganz wie jemand, der verliebt ist, ohne zu wissen in wen. Ich legte lustige Sammlungen an über eine Wachtelart *(Coturnix dactylisonans)*, Triumphbögen und den Ardalio (einen Schauspieler, dessen Rolle sich darin erfüllt, rastlos auf der Bühne hin und her zu laufen). Zur Illustration der vergeblichen Versuche, mein Leben in geordnete Bahnen zu lenken, habe ich sogar jahrelang Zeitungsausschnitte katalogisiert, in denen die Metapher des roten Fadens bemüht wurde. Eine Blütenlese aus den Tausenden von Zitaten:

- Anhand der Kakaobohne als *rotem Faden* wird er eine Geschichte über das Nord-Süd-Verhältnis in Ghana schreiben.
- Der Regen, er gehört zu Wimbledon wie Erdbeeren mit Sahne, Lachssandwiches, Gin Tonic, Schwarzhandel, Gras und, in den letzten Jahrzehnten, Bombendrohungen. Wie ein *roter Faden* zieht sich das schlechte Wetter durch die Geschichte des wichtigsten Tennisturniers der Welt.
- Die Vorstellung war zunächst bedroht wegen der anderthalb Wochen, die wir durch Streitigkeiten verloren haben und die wir momentan aufholen. Trotz alledem klappt es immer wieder, denn mit der *roten Linie* in unserem Arbeitsprozeß verhält es sich ähnlich wie mit der Malerei: Einfach anfangen, dann kommt immer was dabei heraus. Wir arbeiten aber auf eine Klimax hin; ein monumentales visuelles Bild zum Schluß.
- In das Mosaik alltäglicher Erlebnisse hat der Autor wie einen *roten Faden* die wichtigsten Schlagzeilen des vergangenen Jahres eingeflochten: den Fall der Berliner Mauer, den Umsturz in Rumänien, die Freilassung Nelson Mandelas.
- Erfolg, das ist der *rote Faden* der ganzen Tagung. Erfolg, der sich rein dadurch einstellt, daß du nichts anderes tust, als ihn zu wollen und die »vorbehaltlose Unterstützung« der anderen Taoisten aus der Support-Gruppe zu erhalten. Das Geheimnis lautet: Nichtstun. »Solltest du die Neigung verspüren, etwas zu tun, dann setze dich hin, atme ruhig und warte, bis sie nachläßt.«
- Die Geschichte kirchlicher Textilien zieht sich wie ein *roter Faden* durch das Christentum.

Mittlerweile hatte ich das Werk des österreichischen Schriftstellers Robert Musil entdeckt. Nachdem ich den *Mann ohne Eigenschaften* gelesen hatte, stürzte ich mich begeistert auf den Rest seiner gesammelten Schriften. 1980 las ich den letzten zu seinen Lebzeiten veröffentlichten Text *Über die Dummheit*, einen Vortrag, den Musil 1937, ein Jahr vor dem »Anschluß«, in Wien gehalten hat. Die Idee, daß, neben Weisheit, Wahrheit und Schönheit, auch die Dummheit einen ernsthaften Forschungsgegenstand abgeben konnte, überraschte mich. Ich war fasziniert, vor allem deshalb, weil Dummheit nicht als Mangel an Intelligenz, sondern vielmehr als Mangel an Gefühl definiert wurde. Musil sprach sogar von einer intelligenten Dummheit.

Bis dahin hatte ich mit wahrer Besessenheit über erhabene Themen wie die Melancholie, die Dekadenz und das Unheimliche geforscht. Auf einmal wurde ich mit Laxheit, Kitsch und Aberglauben konfrontiert, Dinge, von denen ich mich normalerweise ferngehalten hatte. Genauer betrachtet stellten sie jedoch die banalen Kehrseiten meiner Obsessionen dar. Der bittere Ernst, das hochgesteckte Ideal und der Hang zum Mysterium wurden durch Humor, Trugschluß und Paradox korrigiert. Die Dummheit kam unerwartet und gleichzeitig wie gerufen.

Das Thema war zudem wie kein anderes dazu geeignet, die modische akademische Beschäftigung mit der Differenz, dem Anderen und der Grenze zu relativieren. Mit kindlichem Vergnügen ersetzte ich bestimmte Wörter durch »Dummheit«, woraufhin sich plötzlich noch die langweiligsten Texte als Quellen der Inspiration entpuppten. Auf diese Weise offenbarte sich überdies der sophistische Charakter vieler Argumentationen.

So wurde meinen frustrierenden Recherchen schließlich ihr eigenes Scheitern zum Thema; rückwirkend verstand ich meine törichte Sammelwut, meine Besserwisserei und das Bedürfnis, immer witzig zu sein, als ebensoviele Versuche, mit der Dummheit ins reine zu kommen. Die blinde Raserei und lähmende Scham wegen meiner eigenen und anderer Leute Dummheit waren die Triebfeder meines Daseins. Es war an der Zeit, den Esel bei den Ohren zu packen.

Das Gesicht der Dummheit

> »On n'est pas quelqu'un quand on est inutile aux autres
> et à soi même. Un homme doit remplir une fonction.«
> »Une fonction, j'en ai une«, repond Jacques.
> »Laquelle?«
> »Inspecteur des bêtises humaines, et je ne connais pas
> d'homme aussi occupé que moi.«
>
> Eugène Nus, *Nos bêtises* (1882) *

Auf der Suche nach den Quellen, die Musil herangezogen hatte, stieß ich auf eine Reihe hochseriöser, oft unfreiwillig komischer Studien über die Dummheit, aus der Feder unter anderen von Theologen, Philosophen, Soziologen oder Psychologen. Die gesammelten Bücher bildeten bald eine kleine Bibliothek. Ich kartierte alle Definitionen der Dummheit und stellte zu meinem Erstaunen fest, daß sie im allgemeinen nicht als Mangel, sondern als eigenständige Macht charakterisiert wurde.

Bestätigt wurde dieses Bild darüber hinaus durch Dutzende von Allegorien aus der Druckgraphik des Mittelalters und der Renaissance, in der die Dummheit *(Stultitia)* einen eigenen Platz neben den anderen Eigenschaften einnimmt. So sehen wir eine Frau mit entblößtem Busen und einem ins Haar geflochtenen Narzissenkranz. Sie lehnt sich an eine Ziege, die das Kraut Eryngium kaut. Die Narzissen verweisen auf das griechische Wort narkè, das »Betäubung« bedeutet (man denke an »Narkose«). Laut Plinius rührt sich die Ziege nach dem Genuß von Mannstreu nicht mehr vom Fleck. Die nackten Brüste deuten auf Schamlosigkeit hin. In dieser Allegorie** aus H.K. Poots *Groot Natuur- en Zedenkundigh Werelttoneel* (»Großes natur- und sittenkundliches Welttheater«, 1743) sehen wir drei Aspekte der Dummheit prägnant beleuchtet: Dumpfheit, Starrsinn und Schamlosigkeit.

Ein Stich aus Jacob Cats' Emblembuch *Silenus Alcibiades sive Proteus* (*Zinne- en minnebeelden*, 1618) bildet dazu ein Pendant. Wir sehen eine Frau mit Adlerflügeln und einem Eulenkopf. Ihre Kleidung ist mit Narrenschellen behängt, und in der Hand hält sie einen »Slapstick«, ein

---

*   Übersetzung der fremdsprachigen Stellen S. 187 ff.
**   Siehe Titelblatt

Allegorie der Dummheit
Aus: Jacob Cats,
Zinne- en minnebeelden,
Amsterdam 1665

Narrenzepter mit einem Erbsensäckchen zum Watschen. Die Eule ist in Westeuropa ein Symbol der Dummheit, da das Tier tagsüber blind und hilflos ist. Man denke an den Ausdruck »komischer Kauz« und die Redensart: »Jeder sieht seine Eule für eine Nachtigall an.« In diesem Bild wird die Dummheit nicht durch Trägheit, sondern durch voreiliges Handeln gekennzeichnet. Die Weisheit dagegen eilt mit Weile.

Kurzum, Dummheit wird mit sinnfälligen Extremen assoziiert: Sie ist entweder zu träge oder zu schnell. Seit dem Ende des achtzehnten Jahrhunderts verschiebt sich der Schwerpunkt jedoch zunehmend auf die Dummheit des grauen Mittelmaßes. Nicht nur in der Druckgraphik, sondern auch in der Literatur tritt der dumme Bürger in den Vordergrund. Man denke an Chrysostomus Matanasius, Monsieur Prudhomme, Tribulat Bonhomet, Bouvard, Pécuchet und Batavus Droogstoppel.

Im Gegensatz zu den Narren der mittelalterlichen Satire, die die Laster des Kollektivs exemplarisch verkörpern, symbolisiert der Bürger jetzt die engstirnige Tugendhaftigkeit der Masse. Der Philister sündigt,

Reine und unreine Vögel
Holzschnitt von Erhard
Schön (ca. 1534)
»Die Nachtewl bey dem
tag ist blindt / Also auch
alle menschen kindt /
Erblinden vo(n) dem
Gottes Wort / Werden
durch ir vernufft bedort«
Max Geisberg, Walter
Leopold Strauss, *The
German single-leaf wood-
cut. 1500–1550,* 1975

Zwei weitere Torengesichter, die auf der Stirn bereits den Stempel natürlicher Dummheit tragen. Doch nicht in dem Maße, wie die beiden vorhergehenden. Beide besitzen eine gewisse Starrsinnigkeit. Die Stirn des einen 1 ist zu hoch und schmal, die des anderen 2 zu dick und breit. – In der unteren Gesichtshälfte wirkt der eine sanftmütig, boshaft der andere. Beide wären bereits an der Atonie ihrer Muskeln als Toren zu erkennen.

indem er nicht sündigt. Im Vergleich zu dessen ängstlichem Opportunismus erlangt die prinzipielle Entscheidung für den Irrsinn ihrerseits eine ethische Dimension. Dem Normalen haftet plötzlich etwas Krankhaftes an.

Nicht von ungefähr wird im achtzehnten Jahrhundert die Dummheit auch von den Phrenologen und Schädelmessern entdeckt, die behaupten, daß mit Hilfe von Zirkel und Lineal Inhalt und Umfang der Intelligenz meßbar seien. Mit paranoidem Eifer betrachten sie selbst das alltäglichste Äußere als Ausdruck eines bekloppten Inneren. Die Unter-

Tierstücke

Nach: J.C. Lavater,
Over de physiognomie,
Amsterdam 1784

1. Edel, stolz, mutig, kühn.
2. Recht edel, doch nicht von der edelsten Art.
3. Schweinisch, falsch, unedel, eselhaft, träge.
4. Mittlerer Charakter,
   weder träge noch unterwürfig –
   gleichwohl nicht edel und groß,
   eher feurig als edel, eher wild als groß.

suchungen nehmen groteske Ausmaße an. So wäre ein Dummkopf noch am Abend an seinem Umriß zu erkennen ... vorausgesetzt, daß er eine Glatze hat. Die Typisierungen der Wissenschaft sehen den Karikaturen der Satire verdächtig ähnlich. Noch einen Schritt weiter geht die Einteilung von Pferden nach äußeren Kennzeichen von Dummheit und Intelligenz.

An dem Punkt, wo sich die Wissenschaft der Dummheit nicht mehr von der Dummheit der Wissenschaft unterscheiden läßt, setzt die *Enzyklopädie der Dummheit* an.

Das Terrarium

Mit einem Mal erschloß sich mir das Reich der Dummheit, ein Reich, das von dieser Welt ist. Seine Koordinaten überschneiden sich mit unserem Alltagsleben. Doch im Grunde handelt es sich um ein ganz und gar eigenständiges, in sich geschlossenes Universum mit wesenseigener Flora und Fauna, einer ihm eigenen Sprache, einer eigenen Topographie sowie einem eigentümlichen existentiellen Prinzip. Ich kam mir vor wie ein Gott über seinem Terrarium – so ich es wollte, konnte ich einen kleinen Sündenfall heraufbeschwören.

Fehlte nur noch eine Logik, eine Moral und eine Ästhetik der Dummheit. In den ersten Teilen der *Enzyklopädie der Dummheit* wurde damit ein vorsichtiger Anfang gemacht. Ich verzichtete auf einen festumrissenen Ausgangspunkt und beschränkte mich auf Teillösungen. »Antrieb gibt uns die heimliche Freude, die jeder Gedanke bereitet, wenn er gedacht wird. Wir ordnen, ohne eine Ordnung zu erreichen.« Von Anfang an vertrat ich den Standpunkt, daß nur der Essay den Launen der Dummheit gewachsen sei. »Der Essay legitimiert die subjektive Wahl des Blickwinkels und die oft eigenwillige Argumentationsweise, die erforderlich ist, um auf dem Gebiet der Dummheit bestehen zu können, wo der Zufall, die Ambivalenz und das Prinzip des unzureichenden Grundes herrschen.«

Zwischenberichte über den Stand der Untersuchungen wurden in drei Teilen vorgelegt. 1986 erschienen eine Einführung sowie eine niederländische Übersetzung von Robert Musils *Über die Dummheit.* 1988 erschien Teil III, in dem der Versuch unternommen wurde, anhand der Briefe Flauberts eine methodische Dummheit zu entwickeln.

Teil IV sollte von der *Topographie der Dummheit* handeln. Beabsichtigt war eine leicht zu bewerkstelligende Lieferung, in der alle Dummstädte ebenso aufgelistet werden sollten wie die Dummtaten, die ihnen zugeschrieben werden. Doch dann stellte ich mir zum ersten Mal die naive Frage: Warum gelten diese Städte eigentlich als dumm? Ich öffnete damit eine Tür, die besser noch eine Weile geschlossen geblieben wäre. Da mich die Antworten, auf die ich in den Büchern stieß, nicht befriedigten, machte ich mich auf die Suche nach einer eigenen Lösung – und die hat mich zehn Jahre beschäftigt. Um den Kontakt zur Außenwelt nicht zu verlieren, hielt ich viele Vorträge vor Menschen, die mir wesensfremd waren, wie Gynäkologen, Krisenmanagern und Patentanwälten, und konnte so die vorläufigen Resultate meiner Studien erproben. Das anvisierte Ziel war letztlich eine Theorie, in der die gesammelten Definitionen der Dummheit ihren Ort finden sollten – eine erste, echte Schmalspurphilosophie.

Das vorliegende Buch ist aus diesen Bemühungen hervorgegangen.

Die These

Ausgangspunkt ist ein Kalauer: Kein Mensch ist intelligent genug, seine eigene Dummheit zu erfassen. Die These verweist auf 1. Korinther 3, 19: »Denn dieser Welt Weisheit ist Torheit bei Gott.« Der Mensch dagegen kann die Dummheit seiner Intelligenz nicht erfassen, ohne verrückt zu werden. Nach Erasmus ist die Einsicht denen vorbehalten, die aus sich herausgehen – den Narren um Christi willen, den Mystikern in Ekstase.

Die einzig fruchtbare Lösung besteht in der Umkehrung der Perspektive: Intelligenz ist nichts als das Produkt einer Reihe mehr oder weniger mißlungener Versuche, die Dummheit in den Griff zu bekommen. Und womöglich ist Dummheit nichts als eine Positivierung des Mißgriffs, der die Intelligenz definiert …

Der Ansatz

Der *Enzyklopädie der Dummheit* liegt kein systematischer Ansatz zugrunde, innerhalb dessen ein Argument gemäß einem vorgefertigten Plan entfaltet würde. Vielmehr handelt es sich um eine Folge essayistischer Skizzen, die sich gegenseitig zu erhellen suchen. Die zentrale These des Buches, derzufolge Kultur das Ergebnis einer Reihe von mehr oder weniger mißratenen Versuchen ist, mit der Dummheit ins reine zu kommen, kehrt in anderen Kontexten immer wieder. Die Darlegung hat nicht linearen, sondern zyklischen Charakter. Aus unterschiedlichen Blickwinkeln werfen die Essays jeweils neues Licht auf die These. Die jedesmal erneuerten Annäherungen konstruieren das Argument, anstatt es schlichtweg zu wiederholen. Da die Zuspitzung keine Folge einer notwendigen Entwicklung ist, gelangt die Darlegung nicht zu einer Schlußfolgerung, sondern sie bricht an irgendeiner Stelle ab. Auf diese Weise illustriert das Buch seine These. Die *Enzyklopädie der Dummheit* ist selbst das Produkt einer Folge mehr oder weniger verfehlter Versuche, die Dummheit zu verstehen. Um so schillernd wie möglich zu scheitern, haben wir uns mal für einen analytischen, mal für einen ironischen oder polemischen Ton entschieden.

Wie jede Enzyklopädie enthält auch unser Buch viele Fotografien und Illustrationen. Im günstigsten Fall rücken das Argument und die Abbildung sich gegenseitig in eine überraschende Perspektive. Das gleiche gilt für die gewählten Mottos. Davon ausgehend, daß all unsere kulturellen Ausdrucksformen gleichermaßen als erfolgreiche Patzer zu betrachten sind, entnehmen wir unsere Beispiele sowohl der Philosophie wie dem Zeichentrickfilm. Der Essay bietet reichlich Gelegenheit, nach Herzenslust mit anderer Leute Einfällen zu experimentieren. Wir benutzen unsere These im übrigen nicht sosehr dazu, die Welt zu interpretieren, sondern vielmehr bedienen wir uns der Welt mit ihren Gärten, Büchern, Fürsten und Fehltritten, um unsere These zu veranschaulichen. Die gesamte Schöpfung steht zu unserer Verfügung, um koste, was es wolle, recht zu bekommen, auch für den Fall, daß wir unrecht haben sollten.

Einerseits haben wir uns von Standardwerken wie *The Anatomy of Melancholy* von Robert Burton, dem *Handorakel* von Baltasar Gracián und Hans Vaihingers *Philosophie des Als-Ob* inspirieren lassen, andererseits haben wir unseren Nutzen aus Büchern von G. K. Chesterton, J. P. Guépin und Slavoj Žižek gezogen. Ganz zu schweigen von all den übrigen Texten, die wir verschlungen haben: »Le lion est fait de mouton digéré« (»Der Löwe besteht aus verdautem Hammel«), doch ob auch der Esel so einen starken Magen hat …

Peau de chagrin

Die *Enzyklopädie der Dummheit* ist derart breit angelegt, daß in ihr alle Bücher über die Dummheit Platz finden, sie selbst eingeschlossen. Angeregt durch einen Vogelführer von 1965, der perverserweise in Schlangenimitat gebunden ist, haben wir einige Exemplare der Enzyklopädie mit einem Einband aus Eselsleder ausgestattet, um die Torheit unseres Projekts zu illustrieren.

Der Guckkasten

For he by Geometrick scale
Could take the size of Pots of Ale
Resolve by Sines and Tangents straight,
If Bread or Butter wanted weight;
And wisely tell what hour o'th'day
The Clock does strike, by Algebra.

Samuel Butler, *Hudibras* (1678)

Man hat Untersuchungen angestellt zu den Auswirkungen des Seitenwinds auf die Addition, zum spezifischen Gewicht eines Kusses und zur Grundfläche Gottes. Es gibt eine Kitzelstatistik, eine *Dialektik des Nichtwissens* und eine seinstheoretische Eigentumswissenschaft (einschließlich eines »kubischen Kontenkomplexes«). Andere haben Sonnenuntergänge klassifiziert, eine Mimesistheorie auf der Grundlage von Papageiengeräuschen entwickelt oder den Versuch unternommen, die Apfelsine anhand von Vitaminen, Haupt- und Spurenelementen, Fasern, Farb- und Geschmacksstoffen, Volumen, Umfang usw. zu definieren.

Warum sind diese Studien so faszinierend, so urkomisch und gleichzeitig herzerquickend? Nicht sosehr, weil sie Parodien der Wissenschaft, sondern vielmehr weil sie naturgetreue Nachbildungen der Torheit sind, die in all unseren Versuchen steckt, das Leben in den Griff zu bekommen. Solch erheiternde Abhandlungen deuten auf die heimliche Freude, die sich hinter allem wissenschaftlichen Ernst verbirgt, auf das kindliche Vergnügen, den Kosmos auf eine Formel zu bringen, die Welt auf die Ausmaße eines Guckkastens zu reduzieren.

Zudem sind monomane Studien dazu angetan, das Leben ins Lot zu bringen. Indem man sich mit seiner ganzen Kraft auf einen Aspekt des Daseins, wie dumm auch immer, konzentriert, kann man ein phantastisches Wissen anhäufen und viel Freude daran erleben.

Auch die *Enzyklopädie der Dummheit* verteidigt das Unverteidigbare, ist aber megalomaner angelegt. Es besteht die Gefahr, daß mein Guckkasten die Ausmaße der Welt annimmt.

Im Falle meines vorzeitigen Ablebens würde ich eine Kiste voller sonderbarer Bücher, einer wahnsinnigen Bildersammlung und einer ehrfurchtgebietenden Menge Karteikarten hinterlassen. Irgendwie habe ich immer davon geträumt, eines Tages selbst so eine Kiste zu finden.

Das verschwindende Taschentuch

Ich bin Mitglied in einem magischen Kreis,
Die Geheimen Sechs, der so geheim ist,
daß ich die anderen fünf nicht kenne.

Tommy Cooper

Der Gaukler Tommy Cooper läßt während eines Auftritts ein blaues Taschentuch in seiner linken Hand verschwinden und zaubert es aus seiner rechten Jackentasche wieder zum Vorschein. Unter Mißachtung des Berufsethos verrät er dem Publikum das Geheimnis des *Verschwindenden Taschentuchs*, indem er den Trick in Zeitlupe wiederholt. Extrem verlangsamt, pfropft er ein blaues Taschentuch in seine geballte Linke, pustet auf die geschlossene Faust und macht einige beschwörende Gesten. Anschließend taucht ein Assistent aus den Kulissen auf, der Cooper das Taschentuch aus der Hand zieht, es in dessen rechte Jackentasche steckt, um dann selbst wieder hinter dem Vorhang zu verschwinden. Nach einigen schwerfälligen Tanzschritten nimmt Tommy Cooper das Taschentuch äußerst langsam aus seiner Jacke. Während die Zuschauer applaudieren, sagt er »Thththaaannnkkk yyyooouuu«.

In aller wünschenwerten Klarheit illustriert Tommy Cooper die Art und Weise, wie ich den verborgenen Anteil der Dummheit an der Welt enthüllen werde: nicht, indem ich mit irgendwelchen Tabus breche, sondern indem ich die Mystifikationen auf die Spitze treibe.

Auf ausgetretenen Pfaden

Wer die Dummheit sucht, darf auf keinen Fall die Gemeinplätze meiden. Es gilt allerdings, sie in einem neuen Zusammenhang zu präsentieren. Wir suchen das Abenteuer auf ausgetretenen Pfaden.

II Der Schusselklub

Der Moorritter

Ein Ritter nahm den Kampf gegen die Dummheit auf, ein Monster, dessen Antlitz keine Menschenseele beschreiben konnte. Nur sein Name und der Ort, wo es sein Unwesen trieb, waren bekannt. In schwerer Rüstung und mit gezücktem Schwert zog er durch das Sumpfland. Je näher er dem Ort kam, desto tiefer versanken seine Füße im Boden. Kurz bevor er verschwand, wurde der verdutzte Ritter vom Moor umfangen.

Topologie der Dummheit

Die Dummheit verschließt sich der Erkenntnis; sie läßt sich lediglich negativ definieren, im Kontrast zu anderen Eigenschaften oder als Mangel. Das heißt nicht, daß Dummheit etwas wäre, was es nicht gibt. Wir wissen, daß die Dummheit existiert. Ihre Folgen konstatieren wir tagtäglich um uns herum und in uns selbst, doch wir kommen immer zu spät. Die Dummheit ist eine Grenze, die man stets verfehlt. Nur hinterher läßt sich feststellen, daß wir sie überschritten haben. Sichtbar wird jeweils nur die dummförmige Leere, die dabei zurückgeblieben ist. Währenddessen hat man die Dummheit selbst immer noch nicht ausfindig gemacht. Wie soll man bloß ein »Wesen« lokalisieren, das keinen eigentlichen Ort hat, das atopisch ist, abseitig, ungereimt?

Es besteht die Gefahr, daß wir die Dummheit schaffen, indem wir sie identifizieren wollen, wo doch die Dummheit gerade im Unterschied steckt. Die Dummheit ist immer anderswo. Hat man sie einmal abgesteckt und benannt, verliert sie ihre erschütternde Qualität. Eine erkannte Dummheit ist bloß eine weitere Weisheit.

Zur Abhilfe können wir allenfalls Verkehrsschilder aufstellen, um auf gefährliche Situationen hinzuweisen.

Wegweiser

Zwei erst kürzlich in Schilda eingestellte Straßenarbeiter bekamen den Auftrag, alle Verkehrsschilder aus dem soeben geräumten Wald zu entfernen. Kaum hatten sie ihre Aufgabe erledigt, da fragte sich der eine, wie sie wohl den Weg nach Hause zurückfinden sollten. Der andere tröstete ihn und sagte, das sei kein Problem: Sie hätten schließlich alle Schilder dabei.

Die verhängnisvolle Kombination

Wenn ich von der Dummheit spreche, ziele ich weder auf den Narren noch auf den Kranken oder den ungebildeten Mitmenschen. Ebensowenig habe ich es auf den einzelnen abgesehen, der sich anders als die Masse verhält, im Gegenteil. Die Dummheit, die mich interessiert, betrifft eher die Regel als die Ausnahme. Ich meine die Dummheit, die typisch ist für die Menschheit im allgemeinen, eine Dummheit, die sich sogar als notwendig für unsere Entwicklung erweist.

Dummheit ist eine ästhetische Kategorie; etymologisch beziehen sich die Wörter für Dummheit in den meisten Sprachen auf einen Defekt der Sinnesorgane. Das mittelhochdeutsche *tump*, *tumb* oder *tum* steht neben dem gothischen *dumbs*, dem mittelniederländischen *domp* oder *dom*, dem althochdeutschen *tumb*, dem altsächsischen *dumb* und dem hochdeutschen *dumpf*. Wahrscheinlich gibt es einen Zusammenhang mit dem Stamm von »taub«, dessen Grundbedeutung »stumm« *(mutus)* ist, und von dort mit dem niederdeutschen *doof* (man vergleiche auch das englische *deaf*). Daraus ist die Definition der Dummheit als Mangel an Intelligenz entstanden: Ein Defekt *am* Kopf könnte schließlich einen

Defekt *im* Kopf implizieren. Die Störung der Sinnesorgane beeinträchtigt danach die Wahrnehmung der Realität. Oder umgekehrt: Der äußere Defekt wäre danach Symptom eines inneren Gebrechens.

Doch die Dummheit ist kein Gebrechen. Dummheit ist eine eigenständige Eigenschaft mit einer ihr eigenen Logik. Wer die Dummheit auf dem Gebiet der Intelligenz sucht, lernt bestenfalls etwas über die Grenzen seines Intellekts, erfährt aber wenig über das jenseitige Land der Dummheit.

Dummheit steht nicht im Gegensatz zu Intelligenz; Dummheit steht im Gegensatz zu Undummheit und Intelligenz im Gegensatz zu Unintelligenz. Verhängnisvoll ist just die Kombination aus Dummheit und Intelligenz!

Das Prinzip des abgesägten Holzfällers

Wer groß denkt, irrt groß.

Martin Heidegger

Bereits seit Jahrhunderten werden in der ganzen Welt Geschichten erzählt, die die problematische Beziehung zwischen Dummheit und Intelligenz veranschaulichen. Diese sogenannten epischen Schwänke werden häufig den Einwohnern sprichwörtlich dummer Orte angedichtet. Deshalb werden die Scherze entsprechend ihrem geographischen Schauplatz auch als Böotiana (nach Böotien, einer ob ihrer lokalen Dummheit legendären Landschaft in Griechenland), *Gothamic jests*, Schwaben- oder Schildbürgerstreiche bezeichnet.

Ein klassischer Schwank handelt vom abgesägten Holzfäller: Ein Mann sägt den Ast ab, auf dem er selber sitzt. Intelligenz ist die Kunst des Wählens. Das gewählte Ziel, den Ast vom Baum zu trennen, ist durchaus vernünftig. Auch die Wahl der Mittel ist hervorragend: Seine Säge ist scharf. So wird zwar die Aufgabe erfolgreich vollbracht, aber der Mann bricht sich das Genick. Ohne Intelligenz hätte seine Dummheit keine derart unselige Auswirkung gehabt. Dummköpfe sind gefährlich, eben weil sie intelligent sind und weil sie mit ihrem Unterfangen Erfolg haben. Und je intelligenter sie sind, desto katastrophaler die Konsequenzen ihrer Dummheit.

Daß sich die Dummheit im übrigen selten oder nie dort verbirgt, wo wir sie vermuten, zeigt eine Zeitungsmeldung aus den letzten Jahren: Ein Mann kletterte in einen krummen Baum, um den Ast abzusägen, der immer wieder die Dachziegel seines Hauses zertrümmerte. Er beging nicht den klassischen Fehler, sondern setzte sich auf die Seite des Stamms. Doch einmal von dem schweren Ast erlöst, federte der Baum hoch und schleuderte den Mann hinunter. Abermals wurde dem Dummkopf seine Intelligenz zum Verhängnis.

Dummheit ist das Talent, unbewußt gegen das Eigeninteresse zu handeln, im Extremfall mit tödlicher Konsequenz. Einerseits stellt die Dummheit eine Bedrohung dar, andererseits bildet Dummheit das mystische Fundament unserer Existenz: Kultur ist nichts als das Produkt einer Reihe von mehr oder weniger mißlungenen Versuchen, die selbstdestruktive Idiotie in Schach zu halten. Dummheit zwang den Menschen dazu, seine Intelligenz zu entwickeln.

Auf tragikomische Weise enthüllt der Holzfäller die Dummheit, die die Kehrseite all unserer Handlungen, sogar der erfolgreichsten, bildet.

Der Schusselklub

1976 wurde in England ein Schusselklub, der *Not Terribly Good Club of Great Britain* gegründet, unter dem Vorsitz von Stephen Pile, Autor von *The Book of Heroic Failures*. Der Klub ist mittlerweile an seinem Erfolg zugrunde gegangen. Um sich für die Mitgliedschaft zu qualifizieren, mußte man irgendeine Sache nicht gerade gut beherrschen. Es wurden Abende organisiert, an denen Leute ihr Unvermögen demonstrieren durften. Für Künstler gab es einen *Salon des Incompétents*. Zur Feier der Gründung des Schusselklubs wurde in einem Londoner Restaurant von erlesen schlechtem Ruf ein Dinner veranstaltet. Als die Bedienung aus Versehen eine Suppenschüssel aus der Hand fallen ließ, wurde diese vom Vorsitzenden aufgefangen. Weil er somit eine Katastrophe zu verhindern wußte, wurde er auf der Stelle als Mitglied ausgeschlossen.

So endet die Einleitung seines Buches, doch hier setzt mein Interesse ein: Daß der Vorsitzende das Ungeschick verhinderte, erweist sich selbst als unverzeihliches Ungeschick! Infolgedessen hätte er zum Ehrenvorsitzenden ernannt werden müssen, um sofort wieder abgesetzt zu werden, dann wiederernannt usw. Nehmen wir einmal an, daß alle unsere Ungeschicke verkannte Erfolge sind! Und nehmen wir jetzt einmal an, daß alle unsere Erfolge verkannte Ungeschicke sind!

Der Amsterdamer

Amsterdam, die große Stadt,
die komplett auf Pfählen ruht,
falls sie einmal runterfällt,
man sich wohl verlaufen tut.

Was ist ein Amsterdamer? Amsterdamer ist, wer Amsterdamer genannt wird. Der bloße Name haucht dem Amsterdamer Leben ein. Doch das ist nicht alles. Jeder Amsterdamer beruft sich auf etwas, von dem Außenstehende keine Ahnung haben. Man kennt es, oder man kennt es nicht – man kann es nicht erklären. Der Witz ist natürlich, daß dieser mysteriöse Kern nur dank der Unwissenheit der anderen existiert. Aber auch der Amsterdamer hat keinen blassen Schimmer, wovon er redet!

Das Amsterdamersein spaltet die Einwohner angesichts der Antwort auf die Frage, wer nun der wahre Amsterdamer sei. So hindert das Amsterdamersein die Amsterdamer daran, Amsterdamer zu werden. Das ist ein Fall selbstdestruktiver Dummheit. Gleichzeitig ist jedoch die Idiotie eine Existenzbedingung, denn Streit über seine Identität definiert den wahren Amsterdamer. Deshalb hat es auch keinen Sinn zu behaupten, es gebe keine echten Amsterdamer; den Amsterdamer gibt es nur im Versagen. Der Amsterdamer gedeiht ausschließlich in der Distanz, die ihn von sich als Amsterdamer trennt. Der Amsterdamer ist typisch Amsterdamer in der Verwunderung, im Zweifel, der ihn dazu anspornt, sich als Amsterdamer zu gebärden. Er ist Amsterdamer in den Grachten, Fähnchen, Liedern, Drehorgeln, Gebäuden und anderen mehr oder weniger monumentalen Äußerungen seiner Unfähigkeit, das Amsterdamersein auf den Punkt zu bringen. Er ist Amsterdamer im Bluff, in der endlosen Reihe von schillernden, aber stets fehlschlagenden Versuchen zu beweisen, daß er ein Amsterdamer ist. Das ist der Grund dafür, daß der größte Amsterdamer immer aus der Provinz stammt. Holland ist die Haupstadt von Amsterdam, und die Provinz Friesland ein Viertel im Amsterdamer Außenbezirk Buitenveldert …

Ein gebürtiger Amsterdamer braucht sich indessen nicht als solcher hervorzutun, er trägt zur Identität von Amsterdam nichts bei. Strenggenommen ist er überflüssig. Ein Grund, wieso die Amsterdamer scharenweise in die Provinz ziehen. Dort machen sie sich eifrig daran, alte Bauernhöfe, Ringelgänse und das Grün zu schützen, kurzum alles, was zur beschaulichen ländlichen Identität dazugehört.

Die Eierschalen der Unwissenheit

In Friesland, im hohen Norden Hollands, steht ein *stupa*, ein Tempel, in dem ein Bodhisattva sitzt, ein Mönch, der das Stadium der Erleuchtung erreicht hat. Er ist kurz davor, ins Nirwana einzutreten. Doch was hält ihn ab? Hier stoßen wir auf das moralische Paradox des Mahayana-Buddhismus. Das Problem liegt darin, daß der Bodhisattva nie alleine ins Nirwana eingehen kann, da dies ein Beweis seines Egoismus wäre. Wäre er egoistisch, wäre er kein wahrer Bodhisattva und könnte das Nirwana nicht erlangen; wenn er aber ein wahrer Bodhisattva ist, kann er nicht ins Nirwana eintreten, weil das eine egoistische Handlung wäre. Kurzum, niemand kann das Nirwana erreichen – gewöhnliche Sterbliche nicht, weil sie kein Bodhisattva sind, und der Bodhisattva nicht, weil er Bodhisattva ist. (Arthur C. Danto, *Mystik und Moral*, München 1999)

Das Dilemma des Bodhisattva ähnelt dem des Arhat, des heiligen Helden des Hinayana-Buddhismus, der auch abfällig als »Kleines Fahrzeug« bezeichnet wird. Der Arhat ist ein Mönch, der den Achtfachen Pfad beschritten hat und an der Schwelle zum absoluten Frieden steht. Mit Hilfe der Methode der Weisheit hat er die »Eierschalen der Unwissenheit« durchbrochen – die Befreiung von allen Bindungen zu »ich« und »mein« ist Voraussetzung der Seligkeit. Das Problem jedoch ist, daß sein persönliches Streben nach Erlösung aus dem Selbst von Egoismus zeugt. So hindert sich der Arhat selbst daran, selig zu werden.

Der Mahayana-Buddhismus, das sogenannte Große Fahrzeug, sucht den Ausweg aus dem moralischen Paradox im Streben nach weltweiter Erlösung; von daher das Prädikat »groß«. Seligkeit gibt es nur in der Seligkeit aller. Der Bodhisattva versucht, sich mittels der Methode der Unbegrenztheiten in einer unendlichen Ausdehnung des Selbst zu verlieren. Niemand wird gerettet, bis alle gerettet sind. Doch auch dieses Streben ist zum Scheitern verurteilt.

Der Bodhisattva ist bestrebt, die Menschheit zu erlösen, nicht indem er gute Werke verrichtet, sondern indem er beispielgebend wirkt. Die Statue des Bodhisattva zeigt eine friedliche, in sich gekehrte Person. Der schockierende Gegensatz zwischen seiner Unerschütterlichkeit und unserem hektischen Dasein sollte zu einem Bruch mit der wahnsinnigen Welt inspirieren. Statt dessen bestätigt er letzten Endes bloß die unüberwindliche Schwäche des Menschen.

Dem Bodhisattva bleibt nichts anderes übrig, als sein eigenes Seligwerden hinauszuschieben, bis alle Menschen den Zustand der Erleuchtung erreicht haben. Doch gerade darin erweist er sich als Erleuchteter! Er ist ein wahrer Buddha in den vergeblichen Versuchen, Buddha zu werden. Er reüssiert im Scheitern.

Der Bodhisattva in der friesischen Landschaft deutet durch seine unerschütterliche Anwesenheit auf unsere Unzulänglichkeit hin und gibt eine Kostprobe der unvorstellbaren Seligkeit des Nirwana. Wir müssen beide Dinge allerdings aus ein und derselben Perspektive betrachten. Es gibt kein Nirwana außer in den törichten Versuchen, das Nirwana zu erreichen.

Ein Unglück kommt selten ohne Schwein

Die beste Schule war mir der Blick
auf die Entgleisungen der anderen.

Menander, *Sententiae*

Ein Mann möchte die Tür schließen, geht zur Tür und schließt sie. Das ist ein klassisches Beispiel einer gelungenen intentionalen Handlung. Diese muß drei Bedingungen genügen:

1. Wir haben die Absicht, die Handlung erfolgreich auszuführen.

2. Das Vorhaben wird erfolgreich durchgeführt.

3. Unsere Intention, die Handlung erfolgreich auszuführen, ist die Ursache für das erfolgreiche Durchführen des Vorhabens.

Betrachten wir jedoch folgenden Fall: Ein Mann möchte die Tür schließen, stolpert und fällt gegen die Tür, die sich daraufhin schließt. Die Intention ist die Ursache für das Durchführen des Vorhabens; hätte er nicht die Absicht gehabt, die Tür zu schließen, wäre der Mann nicht ins Stolpern geraten, und ohne sein Stolpern wäre er nicht erfolgreich gewesen. Dennoch kann die Art und Weise, wie das Vorhaben durchgeführt wurde, kaum als intentional bezeichnet werden. Der Erfolg war schlicht ein dummer Zufall.

Wir alle weilen in diesem unerhörten Reich der treffsicheren Pleiten, der Taten, die durch ihr Mißlingen zum Ziel führen. Wir operieren in dem Gebiet, das zwischen den besten Absichten und dummem Zufall liegt. Unser Leben ist ein einziges Glück im Unglück. Und dieser Umstand verleiht all unseren Handlungen etwas unfreiwillig Komisches. Jeder Tat, die die Schwelle des Möglichen überschreitet und sich im wahrsten Sinne des Wortes verwirklicht, haftet im Grunde etwas Idiotisches an. (Slavoj Žižek, *Le plus sublime des hystériques*, Paris 1988)

Mehr Glück als Verstand

Wenn eine Handlung ungewollt und unwissentlich zum beabsichtigten Erfolg führt, hat man Dusel oder Schwein *(sus boeotica)*. Die Morologie, die die Gesetze der Dummheit untersucht, unterscheidet zwischen Schwein, dessen Ursache außerhalb, und Schwein, dessen Ursache innerhalb unseres Geistes begründet ist.

Ein Fall von Schwein der ersten Art: Ein Mann will jemanden erschießen. Er verfehlt sein Ziel, aber der Schuß setzt eine Rotte Schweine in Bewegung, die das Opfer zertrampelt. (Donald Davidson, *Essays on Actions and Events*, Oxford 1980; deutsch: *Handlung und Ereignis*, Frankfurt am Main 1985) Ein schönes Beispiel findet sich auch in dem Film *Ein Fisch namens Wanda*, als der Mörder auf eine alte Frau zielt, aber aus Versehen ihren Köter trifft, was freilich ihr Herz nicht verkraftet.

Schwein der zweiten Art: Ein Mörder fährt in seinem Wagen zur Zielperson. Auf dem Weg dorthin verliert er die Nerven und fährt jemanden tot, der sich als das fragliche Ziel entpuppt.

Diese Beispiele produktiver Dummheit sind keine Randerscheinungen, sondern aufsehenerregende Spielarten eines Irrsinns, der im Zentrum unseres als vernünftig empfundenen »Systems« waltet. Im Stolpern tritt der dumme Mechanismus zutage, der die Welt zusammenhält.

Dumm gelaufen

Quae nocent docent

Was versehrt, lehrt.

Durch Schaden werden wir klug, so die Redensart. Der Ausdruck, der scheinbar den Versagern zum Trost gereicht, enthüllt in Wahrheit die geheime Logik unseres Intellekts. Klugheit erlangen wir nur durch Schaden. Aber das funktioniert natürlich nur unbewußt. Man tue es lieber nicht dem Bauern gleich, der seinen Kopf an die Wand schlug im Versuch, sich zu bilden. Wer willentlich scheitert, um Weisheit zu ergattern, ist ein Dummkopf. Weisheit läßt sich nur als unbeabsichtigter Nebeneffekt unserer Handlungen erreichen, als Glück im Unglück.

Die rückwirkende Kraft

Oh Magoo, you've done it again!

Wir forschen nach der Weisheit, ohne richtig zu wissen, was sie eigentlich ist. Die Suche nach der unerreichbaren Weisheit führt aber zu Schaden und Schmach, durch die wir klug werden. Damit nicht genug: Die Weisheit, nach der wir vergebens greifen, wird erst mit rückwirkender Kraft durch das Scheitern gestiftet. Die Folge produziert mithin ihre eigene Ursache. Die gesuchte Weisheit ist nichts anderes als das Resultat der fruchtlosen Versuche, der Weisheit habhaft zu werden. Dummheiten sind keine Stationen auf dem Weg zur Weisheit: Die Weisheit ist ihrem Wesen nach eine Dummheit …

Treppenwitz

Hinterher kommt der
Dumme zur Einsicht.

Factum stultus cognoscit

Das Prinzip der rückwirkenden Kraft regiert die Welt. Wir müssen scheitern, um die Einsicht zu erlangen, die uns unser Scheitern begreiflich macht. Die Erfahrung kommt immer zu spät, *post festum*. Alle Weisheit ist Weisheit im nachhinein, Treppenwitz. Während des Festmahls suchen wir vergeblich nach einer Erwiderung auf eine unverschämte Frage; erst auf der Treppe fällt uns eine treffende Replik ein. Siehe da den *esprit d'escalier*, den Geist, der im schwindelerregenden Treppenhaus unserer Konstruktionen weht, dem geheiligten Raum der nachträglichen Einsicht.

Ein passendes Monument für die Nachträglichkeit unserer Existenz hat man in Kampen, der Hauptstadt der niederländischen Dummköpfe, errichtet. Die Kampener hatten eine Kirche gebaut, dabei aber die Treppe vergessen. Deswegen hat man später an der Außenwand des Turms eine Treppe hochgezogen.

Epimetheus

Das Leben kann nur rückwärts verstanden,
muß aber vorwärts gelebt werden.

Kierkegaard

Alle Erkenntnis im nachhinein, alle Resultate, die unbeabsichtigt und unwissentlich erreicht werden, heiße ich epimetheisch, nach dem Titanen Epimetheus, dem »nachher Überlegenden«, Zwillingsbruder von Prometheus, dem »Vorausdenkenden«.

Epimetheus hatte zur Aufgabe, jede Kreatur auf Erden mit den Eigenschaften auszustatten, die sie zum Überleben benötigt. Dem einen Tier verlieh er Kraft ohne Schnelligkeit, dem anderen Schnelligkeit nebst Schwäche. Manchen versah er mit scharfen Krallen, anderen mit dem Schutz der Flügel. So gewährleistete er ein natürliches Gleichgewicht, in dem keine einzige Art untergehen konnte. Nur vergaß er den Menschen.

Im Licht des Treppen-
witzes bekommt auch die
allegorische Darstellung
der *Prudentia* (Klugheit)
im Treppenhaus des Thea-
terinstituts zu Amsterdam
einen ganz anderen Sinn.
Die große Widersacherin
der Stultitia ist mit dem
Spiegel der Reflexion und
der Schlange der Behut-
samkeit abgebildet.

Foto: Roos Aldershoff (1988)

(Wäre Prometheus wirklich weitsichtig gewesen, hätte er wissen können,
daß Epimetheus die ihm anvertraute Aufgabe vermasseln würde.)

Um den Schaden in Grenzen zu halten, raubte Prometheus den Intellekt von Athene und von Hephaistos die Arbeitsamkeit und das Feuer,
um sie der Menschheit zu schenken. Hermes sorgte für den Gemeinsinn.
(Siehe Platon, *Protagoras*, und Hesiod, *Theogonie*.)

Nicht Prometheus, sondern der dumme Epimetheus, »der durch
seine Fehler klug wurde«, ist der Stammvater unserer Zivilisation. Seine Fahrlässigkeit zwang den Menschen zu Disziplin und Entwicklung.
Unsere Kultur ist nichts als ein Produkt der ständig erneuerten, nachträglichen Versuche, den Schaden zu begrenzen. Die Weisheit wächst gegen
den Strom. Der Mißerfolg ist ein unterbewertetes Element, in statisti-
scher Hinsicht jedoch der mächtigste Faktor in unserem Leben.

Die produktive Verblendung

Wir erkennen die epimetheische Kausalität ebenfalls in der ausweichenden Bewegung, die den tragischen Helden in seinen prophezeiten Untergang führt. Die idiotische, völlig aus der Luft gegriffene Weissagung verdankt ihren Erfolg den vergeblichen Versuchen des Helden, ihr zu entrinnen.

Die *hamartia*, die Verblendung, ist produktiv. Die Prophetie erfüllt sich von selbst dank der widersinnigen Angst oder des unbelehrbaren Überzeugtseins angesichts eines fiktiven Ereignisses, das nur stattfinden wird, weil jemand es erwartet. Die eingebildete Wirkung stiftet eine konkrete Ursache. Die Prophezeiung des Begebnisses führt zum Begebnis der Prophezeiung. Ohne Voraussage kein mißlicher Irrtum, und ohne Irrtum keine Weissagung. Jegliche Prophezeiung ist epimetheischer Natur; erst im nachhinein wird die bloße Behauptung auch wirklich zur Prophezeiung.

Dummheit als mystisches Fundament unserer Existenz

Eine schöne Gerechtigkeit ist das, die von einem Fluß
begrenzt wird! Wahrheit diesseits der Pyrenäen, Irrtum jenseits.

Pascal, *Pensées*

Wir verlassen uns blind auf unser Wissen, nicht etwa weil Wissen von Natur aus weise oder wahr wäre – Wissen heißt weise und wahr, weil es von der Mehrheit geteilt wird. Wir folgen der Regel nicht etwa, weil sie zweckmäßig wäre – die Regel ist zweckmäßig, weil alle sie befolgen. Wir halten nicht vor der roten Ampel, weil die Farbe Rot uns zum Anhalten zwingen würde. Das rote Licht hat regulierende Wirkung, weil wir davor halten. Eine Regel verdankt ihre Geltung mithin nicht irgendwelchen Argumenten, sondern dem Herdentrieb. Nicht die Vernunft, sondern Sitten und Gebräuche bestimmen unser Zusammenleben.

Aller Anfang ist vergnüglich. Lachend gehorchen wir einer auf den ersten Blick bescheuerten Regel, solange bis ein gutes Argument geboren wird, die Regel zu befolgen, bis sie tatsächlich zweckmäßig wird. Die Wirkung geht also der Ursache voraus: Zweckmäßigkeit ist keine natürliche Eigenschaft der Regel, sondern sie ist ein Ergebnis des Gehorsams.

Der Automat

Wir sind ebensosehr Automat wie Geist.

Pascal, *Pensées*

Argumente mögen zwar den Geist von der Weisheit der Regel oder sogar von deren Unsinnigkeit überzeugen, aber der Automat im Menschen wird von der Macht der Gewohnheit regiert, die überzeugender ist als alle Argumente für und wider zusammen. Dummheit ist denn auch keine Frage falscher Anschauung oder mangelnder Einsicht, Dummheit ist eine Frage des Automatismus.

Wider besseres Wissen lassen wir das sinnlose Ritual über uns ergehen. Die Gewohnheit schärft uns die Regel so lange ein, bis wir dran glauben müssen. Die Bekehrung ist eine Frage der Zeit.

Niemand kann allein durch Argumente zur dummen Regel bekehrt werden. Argumente überzeugen nur jene, die bereits »in der Dummheit sind«, die schon an die dumme Regel glauben, so als wäre sie der Weisheit letzter Schluß. Wer behauptet, die Regel nicht blind um der Regel willen zu befolgen, sondern weil ihm sein Verstand sage, die Regel sei zweckmäßig, macht sich nur selbst etwas vor. Argumente sind nachträgliche Rationalisierungen; das Denken ist epimetheischer Natur.

LABORA, ASELE, QUOMODO EGO LABORAVI, ET PRODERIT TIBI

»Schufte Eselchen, wie ich geschuftet habe, und es wird dir von Nutzen sein.«

Grafitto aus einem Schulgebäude auf dem Palatin zu Rom (ca. 1. Jh. n. Chr.)

Das Credo der Dummheit

Wir befolgen das Gesetz, nicht weil es gerecht ist, sondern weil das Gesetz nun einmal das Gesetz ist. Die Tautologie deutet auf die ungesetzliche Voraussetzung des Gesetzes: Das Gesetz wird gerecht, wenn alle es befolgen. Zwar scheint die idiotische Kehrseite des Gesetzes geeignet, die Verbindlichkeit des Gesetzes zu untergraben, tatsächlich bildet sie aber das mystische Fundament seiner Geltung. Der Rechtsstaat besteht allein durch die mißlungenen Versuche, dem Gesetz gerecht zu werden. Eben weil dem Gesetz immer etwas Unbegreifliches anhaften wird, übt es seine nachhaltige Faszination aus.

Wir glauben nicht um der guten Gründe willen. Wir glauben, weil es absurd ist, oder besser noch, wie Tertullian wörtlich formuliert hat: *quia ineptum est* und *quia impossibile est*, weil es albern und unmöglich ist. Dieselbe Idiotie, welche die Übereinstimmung von Verhalten und Überzeugung hintertreibt, ist die Voraussetzung unseres Glaubens. Der Glaube wächst wider besseres Wissen. (Henning Schroër, *Die Denkform der Paradoxalität als theologisches Problem*, Göttingen 1960)

Die Umkehrung

Ein Fluß entscheidet über Weisheit und Dummheit: Lokale Sitten und Bräuche bestimmen, was legal ist und was nicht. Die blinde Handlung begründet mit rückwirkender Kraft den guten Grund, die Regel zu befolgen. Doch das idiotische Fundament unserer Gesellschaft muß im Verborgenen bleiben, sonst verlören Regeln und Gesetze ihre Geltung, und wir fielen vom Glauben ab. Dummheit funktioniert nur unmerklich. Deshalb drehen wir den Spieß um und tun, als wäre das Gesetz von Natur aus gerecht. Das ist die Rolle der Phantasie.

Der unsichtbare Schatz

Ein reicher Bauer, der den nahen Tod spürte, sprach zu seinen faulen Söhnen: »Verkauft das Land nicht, denn dort ist ein Schatz vergraben, nur weiß ich nicht, wo.« Als der Vater gestorben war, wühlten die Söhne auf der Suche nach dem Schatz vergeblich das ganze Land um; aber die Ernte jenes Jahres brachte dank dieser Arbeit ein Vermögen ein.

Das Pflügen produzierte also mit rückwirkender Kraft den Schatz, der sie zum Pflügen bewegt hatte. Diese Fabel von La Fontaine zeigt, wie die Phantasie Wirklichkeit wird, wie ein imaginärer zu einem wirklichen Schatz führen kann. Besser noch: Ohne die Phantasie wäre dem Betrieb keine Zukunft beschieden gewesen. Denn die Enthüllung der Idiotie, daß nämlich die Söhne um des Pflügens willen pflügen sollten, hätte sich verhängnisvoll auf ihre Moral ausgewirkt.

Daß es sich bei dieser Geschichte um mehr als eine bloße Fabel handelt, möge der Fall der Rechtsprechung illustrieren.

Mit dem Richter ins Gericht

Fiat stultitia, pereat mundus

Die Dummheit obsiegt, sollte auch die Welt darüber vergehen.

Der Richter tut so, als ob er dem Verbrecher eine Lektion erteilte. Aus Untersuchungen geht allerdings hervor, daß Verbrecher selten oder nie zur Einkehr kommen. Genaugenommen fällt der Richter das Urteil, um sein eigenes Rechtsempfinden und das des von ihm repräsentierten Volkes aufrechtzuerhalten. Doch die Enthüllung, daß der Richter da ist, um sich selbst Mores zu lehren, wäre ein Desaster für die Rechtsordnung. Deshalb tun wir so, als ob der Richter da wäre, um den Verbrecher zu erziehen.

All unsere Organisationsformen funktionieren kraft der Dummheit. Unsere Welt wird von Phantasien zusammengehalten, und von den Dummköpfen, die ihnen Glauben schenken. Dummheit ist nützlich.

Kannitverstan

Das fruchtbare Mißverständnis hat auch großen Anteil an der Festigung der Moral, wie Johann Peter Hebels Erzählung *Kannitverstan* aus dessen *Schatzkästlein des rheinischen Hausfreundes* (1811) bezeugt:

> »Der Mensch hat wohl täglich Gelegenheit, in Emmendingen und Gundelfingen, so gut als in Amsterdam Betrachtungen über den Unbestand aller irdischen Dinge anzustellen, wenn er will, und zufrieden zu werden mit seinem Schicksal, wenn auch nicht viel gebratene Tauben für ihn in der Luft herumfliegen. Aber auf dem seltsamsten Umweg kam ein deutscher Handwerksbursche in Amsterdam *durch den Irrtum zur Wahrheit* und zu ihrer Erkenntnis.«

Der fahrende Geselle sah ein wundervolles Haus »voll Tulipanen, Sternenblumen und Levkoien«. Auf deutsch fragte er einen Passanten nach dem Namen des Hauseigentümers, worauf jener erwiderte: »Kannitverstan.«

Im Hafen sah er ein reich beladenes Schiff. Als er sich nach dem Eigentümer erkundigte, bekam er erneut zur Antwort: »Kannitverstan.«

Schließlich sah er einen Leichenzug und fragte nach dem Namen des Verstorbenen: »Kannitverstan.«

> »›Armer Kannitverstan‹, rief er aus, ›was hast du nun von allem deinem Reichtum? Was ich einst von meiner Armut auch bekomme: ein Totenkleid und ein Leintuch, und von allen deinen schönen Blumen vielleicht einen Rosmarin auf die kalte Brust oder eine Raute.‹«

Und wenn er wieder einmal schwer daran trug, daß der Reichtum in der Welt so ungerecht verteilt war, dachte er an den Herrn Kannitverstan in Amsterdam, an sein großes Haus, sein reiches Schiff und sein enges Grab, und fand sich wieder mit seinem Schicksal ab.

Selig sind die Armen im Geist

Die Jesuiten verfuhren nach dem Grundsatz: Der Zweck heiligt die Mittel. Wir dagegen leben nach der Regel: Zweck ist, die Mittel zu heiligen – die Regeln, die als Nebeneffekt die Ordnung haben, solange ihre Idiotie nicht durchschaut wird. Die Umkehrung in der Relation zwischen Mitteln und Zweck muß im Verborgenen bleiben; sie zu offenbaren würde nämlich der Seligkeit ein Ende setzen, die in unserem böotischen Benehmen beschlossen liegt.

Die Seligkeit schwindet dahin, sobald uns klar wird, daß die unergründliche Autorität des Gesetzes nicht existiert außer in unseren erfolglosen Versuchen, das Gesetz anständig zu befolgen. Zwischen Unwissenheit und Seligkeit besteht eine enge Beziehung – selig sind die Armen im Geist. Nur zu schade, daß wir zu dumm sind, dies zu erkennen, während andererseits die Erkenntnis der Seligkeit ein Ende bereiten würde.

La Boétie und die Böotiana

> Was ist das für ein Monstrum von Laster, für das der Name Feigheit noch zu schade wäre? Wir haben kein Wort, das häßlich genug ist! Die Natur leugnet, dergleichen geschaffen zu haben, und die Sprache leiht uns keinen Namen dafür.
>
> Étienne de la Boétie, *Discours de la servitude volontaire*

(1) Die Bauern schöpfen Wasser mit einem Sieb.

(2) Der Auktionator lobt die wertlose Kuh des Bauern derart über den grünen Klee, daß dieser sie für ein Vermögen zurückerwirbt.

(3) Ein Bauer schnallt seine Schlittschuhe an und läuft gegen seinen Schatten, den er für einen Widersacher hält.

(4) Ein Bauer macht allen weis, es sei ein Walfisch an Land geschwemmt worden. Als alle zum Strand eilen, glaubt er allmählich selbst daran und rennt hinterher.

(5) Der Bauer verkauft einem Passanten einen Hahn und vier Hennen. Da der Käufer kein Geld dabei hat, akzeptiert der Bauer den Hahn als Unterpfand.

Diese Böotiana sind keine Umkehrungen der Norm, sondern schildern die verkehrte Welt, die in der Normalität waltet. Zur Illustration werde ich sie einigen Aussagen von Étienne de la Boétie aus dessen *Discours de la servitude volontaire* (um 1550) gegenüberstellen. In seiner Analyse der Macht erkennen wir fünf Aspekte der Dummheit: die Macht der Gewohnheit, den Nebeneffekt, die Verknüpfung von Faszination und Unwissenheit, die Phantasie sowie die Seligkeit.

(1) »Die Gewohnheit, die uns überall in der Gewalt hat, ist nirgends so groß wie bei der Verführung zur Knechtschaft. Sie bringt uns dazu, dieses Gift zu schlucken und es nicht einmal bitter zu finden, so wie man von Mithridates erzählt, er habe sich allmählich daran gewöhnt, Gift zu nehmen.«

(2) Wir sind nicht die Opfer des Tyrannen; es sind die Opfer, denen der Tyrann seine Macht verdankt. »Was könnte er euch antun, wenn ihr diesem Spitzbuben nicht den Hehler machtet, wenn ihr diesem Mörder eurer selbst nicht als Helfershelfer dientet?«

(3) Der Tyrann verdankt seine Autorität nicht etwa irgendwelchen erstaunlichen Qualitäten, sondern es ist genau andersherum: Der Tyrann übt seine faszinierende Macht aus, wenn nur seine wahre, »idiotische« Art im Verborgenen bleibt. »Die Könige der Assyrer und Meder zeigten sich dem Volke so selten als möglich. Das Volk sollte nicht wissen, daß sie bloß gewöhnliche Menschen waren, es sollte glauben, sie seien mehr als das. […] Das war ein Trick, um diese Nationen in der Knechtschaft zu erhalten. Sie ertrugen die Knechtschaft umso freudiger, als sie ja gar nicht wußten, ob sie denn überhaupt einen Menschen zum Herrn hatten und welcher Art dieser Herr war, den sie schließlich nur deshalb fürchteten, weil ihn niemals jemand wirklich gesehen hatte.«

(4) »Die Masse glaubte fest daran, die große Zehe des Pyrrhus täte Wunder und heile die Milzkranken.« Wir sind nicht Opfer der Zauberkunst des Tyrannen, sondern »erst erfindet sich das Volk solche dummen Lügen, hernach glaubt es daran«.

(5) Falls es die Untertanen wollen, nimmt die Macht des Tyrannen ein Ende. Warum bleiben sie dann freiwillig seine Sklaven? Weil auch sie davon profitieren. Sie glauben, der Tyrann würde sie an seinem Reichtum teilhaben lassen, aber in Wirklichkeit verhält es sich umgekehrt: »Die Tölpel merkten nicht, daß man ihnen nur ein bißchen von dem wiedergab, was ihnen sowieso gehörte.«

Es gibt jedoch einen weiteren Grund. Die Menschen »verschmähen« die Freiheit. Warum? Weil die Besitzergreifung der Freiheit »allzu leicht wäre«. Darin liegt »das Laster, für das die Sprache uns keinen Namen leiht«, der Dummheit Kern: Insgeheim finden wir Wohlbehagen am Unbehagen. Und diese Seligkeit finden wir wieder im Masochismus, von dem alle Dummheiten zeugen. Nach jeder Katastrophe stürzen sich die Dummköpfe mit wahrer Wollust auf die nächste, zum Scheitern verurteilte Aufgabe.

Weisheit aus Schilda

Die Dummheit liegt nicht so sehr im Irrtum, sondern vielmehr im oft unbeirrbaren Festhalten am Irrtum. Sogar Geisteshaltungen, die dem Menschen zunächst weiterhelfen, werden sich auf die Dauer gegen uns wenden – ein Umschlag, der am Dummheitspunkt stattfindet.

Wiederholung, Umkehrung und Mißverständnis sind laut Henri Bergson die drei Kunstgriffe, deren sich der Schwank bedient, um dieses dumpfe, mechanische Verhalten an den Pranger zu stellen. (*Das Lachen*, Darmstadt 1988 [1899]) Aber der blinde Automatismus, der ihm zufolge ein Hindernis für die Evolution darstellt, bildet den Motor, der die Welt am Laufen hält. Wir lachen denn auch nicht, wie Bergson meint, um dieses sture, mechanische, unbewußte Verhalten zu korrigieren, sondern weil ein Spiel mit einer Wahrheit getrieben wird, die tabu ist. Der Schildbürgerstreich rührt an die Idiotie, die das mystische Fundament unserer

Die Holzheber
Holzschnitt aus dem
Schiltbürgerbuch, 1680

Zivilisation ausmacht. Die Streiche illustrieren auf komische Weise den tragischen Kern unserer Existenz, den Umstand nämlich, daß wir nur durch Schaden klug werden. Katastrophen bilden die Matrix unseres Erfolgs.

Die Menschen, die ihr Leben aufs Spiel setzen, sind komisch, nicht weil sie wider die Vernunft handeln, sondern weil sie die Idiotie enthüllen, auf der die Räson gründet. Wir lachen nervös über die Marionetten, die uns vorhalten, was wir selbst, ohne es wissen zu wollen, tun. Unser Gelächter zeugt von unserem schlechten Gewissen.

Die Streiche sind Mittel im Kampf gegen den Stupor. Einerseits halten die Possen das Wissen um den idiotischen Kern unserer Existenz wach; dadurch läßt sich die Betörung vermeiden. Andererseits erregt der Humor eine leichte Panik, um uns so von der Angst vor der Dummheit zu läutern; dadurch läßt sich die totale Entgeisterung vermeiden.

Zweierlei Dummheit und ihre Logik

Die Dummköpfe wollen ein Rathaus bauen. Dazu fällen sie oben am Berghang die benötigten Bäume. Anschließend tragen sie die Stämme nach unten, bis ihnen aus Versehen ein Baum aus den Händen rutscht und hinunterrollt. Das bringt sie auf eine Idee: Es ist schlauer, die Baumstämme den Berg hinunterzurollen. Sie heben das Holz wieder auf und tragen es hoch, um es anschließend den Hang hinunterrollen zu lassen.

Die gegensätzliche Bewegung veranschaulicht die Logik der beiden Dummheiten. Die erste Dummheit ist das Hinuntertragen der Bäume. Dabei handelt es sich gewissermaßen um eine nützliche Dummheit, so gesund wie der Menschenverstand; sie ist Teil des Denkprozesses, des Kreislaufs von Erfolg und Mißerfolg. Diese Dummheit ist für den Schaden verantwortlich, durch den wir »klug« werden. Dummheit hinterläßt die Narben, die zusammen unseren Charakter ausmachen.

Die zweite Dummheit steckt in der umgekehrten Bewegung: Die Baumstämme werden wieder den Berg hochgetragen. Die Dummheit sprengt den Rahmen des Denkprozesses. Es handelt sich hier nicht um eine Dummheit *im* Denken, sondern um eine Dummheit *des* Denkens.

Das Durchschauen der ersten Dummheit führt zur Einsicht, ist evolutionär, trägt zur Entwicklung bei. Das Durchschauen der Dummheit des Denkens dagegen ist revolutionär. Das Durchschauen hat entweder die Idiotie oder die Erlösung zur Folge: Das Denken wird von seinen Gesetzen befreit und der Weg für die Schöpfung neuer Denkformen aus dem Nichts bereitet.

Die beiden Arten der Dummheit sind auch im Doppelsinn des stoischen Begriffs *stultitia* enthalten, das sowohl Dummheit als auch Unverstand bedeutet. Das Denken ist ein Spiel, wobei wir über Wissen verfügen, das wir verlieren oder gewinnen können – aber wir können auch das Spiel verlieren.

Der komische Zwischenraum

In der klassischen Zeichentrickszene rennt der Hase Bugs Bunny über den Rand des Abgrunds. Er läuft ein paar Schritte weiter in der Luft, ohne Boden unter den Füßen. Erst als er hinunterguckt und sich seiner Lage bewußt wird – »oh, oh!« –, stürzt er in die Tiefe. Meiner bescheidenen Ansicht nach schwebt die ganze Menschheit in diesem komischen Intervall. Unser Leben spielt sich ab im Bereich zwischen:

- der unerkannten Dummheit
- und der katastrophalen Erkenntnis unserer Dummheit.

Kein Mensch ist intelligent genug, seine eigene Dummheit zu begreifen. Und das ist auch besser so. Die Erkenntnis wirkt sich nicht nur katastrophal auf die Dummheit, sondern auch auf die darauf gegründete Intelligenz aus.

Wer eine Dummheit begeht, weiß nicht um seine Dummheit und wird in seinem Irrtum verharren. In gewissem Sinne ist er dabei noch intelligent: Er denkt weiter auf dem eingeschlagenen Holzweg.

Die Erkenntnis seiner Dummheit bedeutet nicht nur das Ende der ersten Dummheit, sondern auch das Ende seines auf Dummheit gestützten Wissens. Die Erkenntnis deckt sich mit der Idiotie.

Der siebte Himmel

Dieser Bereich zwischen den beiden Dummheiten, zwischen der Dummheit und der Idiotie, die aus der Erkenntnis folgt, ist der Ort des Komischen.

Im Zeichentrickfilm explodieren die Helden, sie werden zu Brei gequetscht und bei lebendigem Leib zerstückelt, um später wieder aufzustehen, als wäre nichts passiert. Und auch die Ostfriesen aus den Ostfriesenwitzen scheitern alle naslang, ohne daß Ostfriesland deswegen unterginge.

Der Mensch unterscheidet sich nicht von den Stehaufmännchen aus solchen Witzen. Auch wir fallen auf die Schnauze und stehen frohgemut wieder auf, als würde eine Intelligenz für uns geradestehen, die nicht nur jedwede Stumpfsinnigkeit überlebt, sondern überdies noch aus unseren Fehlern zu lernen vermag. Ahnungslos weilen wir in einem paradiesischen Zustand, in dem die Intelligenz uns das Denken abnimmt. Unser blindes Vertrauen in die Intelligenz verleiht all unseren Handlungen etwas Komisches, Unwirkliches, Unverwüstliches, etwas Ostfriesisches.

Aus: Margit Willems und
P. Hermanides, *Speciale
effecten*, Amsterdam 1991

Das Geheimnis des schwebenden Lebens

Unser Leben hängt in der Schwebe. Jeder Mensch denkt und quatscht ins Blaue hinein, umherstreifend in den imaginären Koordinaten seines Wissens, im blinden Vertrauen auf die vernünftige Grundlage seiner Existenz, wie auf ein Fangnetz bei der Trapeznummer im Zirkus. Ähnlich wie der Hase, der in der Luft läuft.

Wie kann es sein, daß der Hase nicht in die Tiefe stürzt? Weil es ein Zeichentrickfilm ist. Doch lassen wir uns einmal auf die Logik des Films ein: Der Hase schwebt in der Luft, weil die Schwerkraft vorübergehend ausgeschaltet ist, weil die Natur einen Moment ihre eigenen Gesetze vergessen hat. Ähnlich verhält es sich in den Märchen: Die furchterregenden Riesen würden an Kreuzschmerzen zugrunde gehen, sobald die Schwerkraft eingeführt würde. (Das läßt vermuten, daß Märchen über Riesen von Leuten geschrieben wurden, die unter Rückenbeschwerden leiden.)

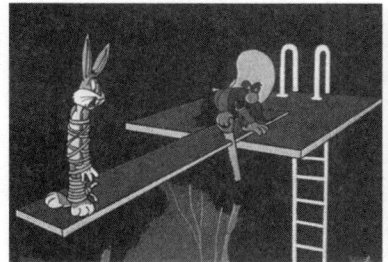

Bugs Bunny
in *High Diving Hare.*
Aus: Joe Adamson,
Bugs Bunny, London 1991

Das Geheimnis des Witzes wird in dem Zeichenfilm *High Diving Hare* (von 1949) von Friz Freleng enthüllt. Cowboy Yosemite Sam besucht einen Zirkus, der mit dem »Todessprung« wirbt: einem Sprung von der Spitze des Zeltdachs in eine Wanne mit Wasser. Da der Artist durch Krankheit verhindert ist, zwingt Sam den Zirkusdirektor, Bugs Bunny, die Rolle zu übernehmen. Gefesselt steht Bugs auf einem Sprungbrett an der Spitze einer hohen Leiter. Sam sägt das Brett durch: Prompt stürzt der dumme Sam samt Plattform und Leiter in die Tiefe, während der schlaue Hase auf dem freischwebenden Sprungbrett in der Luft hängen bleibt und dem Zuschauer sagt: »I know dis defies de Law of Gravity, but, uh, you see, I never studied Law!« (»Ich weiß, daß dies den Gesetzen der Schwerkraft widerspricht, aber, äh, wissen Sie, ich hab nie Jura studiert.«) Als ob die Schwerkraft nur dann wirken würde, wenn wir um ihre Wirkung wüßten. Der Witz ist natürlich, daß der Hase sehr wohl weiß, daß er etwas nicht weiß. Und solange er das nicht weiß, ist er in Sicherheit.

Die Dummheit der Intelligenz

Jeder weiß, daß unser Wissen in der Luft hängt, daß die Wissenschaft ein selbstdefiniertes System von Regeln und Gesetzen beinhaltet. Und solange wir uns alle dumm stellen und tun, als wäre unsere Weisheit begründet, läuft es wie geschmiert. Die Phantasie hält die Welt am Laufen. Die Enthüllung dieser Evidenz allerdings wäre fatal.

Aber wen nehmen wir eigentlich auf den Arm? Wenn jeder unterschwellig weiß, daß unsere Erkenntnis auf nichts gestützt ist, wer weiß dies dann nicht? Wer beharrt schon wider besseres Wissen auf seinem Glauben an die Fundiertheit unseres Wissens? Die paradoxe Antwort lautet: Die Intelligenz weiß es nicht und kann es auch nicht wissen. Das Denken enthält eine eingebaute Sicherung, das Denkmuster schließt die Möglichkeit, daß wir die Dummheit direkt erkennen könnten, aus. Die Intelligenz hindert uns daran, von der Dummheit Kenntnis zu nehmen. Kein Mensch ist intelligent genug, seine eigene Dummheit zu begreifen, und sogar das geht über unseren Verstand.

Die Dummheit unserer Intelligenz besteht darin, daß wir deren Dummheit nicht feststellen können; doch dieses Unvermögen stellt gleichzeitig die verborgene Weisheit der Intelligenz dar. Die Entdeckung der Dummheit unseres Wissens würde uns dem Wissen entrücken, seine Legitimität untergraben, ebenso wie die Gültigkeit dieser Einsicht, die immerhin auch auf jenem Wissen beruht.

Der Reichtum von Spijk

Doppelter Unverstand hat euch überkommen:
Ein Unwissender seid ihr, Freund!
Und ihr habt's noch nicht vernommen!

J. de Decker

Der Eingang und der Ausgang der Rationalität sind jeweils durch eine klassische Paradoxie verstellt: *Das Lernen kann man nicht lernen* und *Das Denken ist nicht wegzudenken* (was die Philosophie zu einer menschlichen Torheit verleitet hat: »ich denke, daß ich denke«; und zu einer göttlichen Albernheit: »Ich bin, der Ich bin«).

Auch an den Pforten der Dummheit stoßen wir auf zwei rätselhafte Ungetüme. Einerseits: *Die Dummheit ist unerreichbar.* Niemand schafft es, vollends zu verdummen. Der Denkprozeß unterminiert die Absicht des Möchtegerndummen. Jede Tat, wie dumm sie auch sein mag, verrät ihre Gescheitheit. Doch auch die Intention spielt ihm einen Streich. Man kann seine Dummheit nicht unter Beweis stellen, indem man sich wissentlich dumm anstellt.

Andererseits: *Die Dummheit läßt sich nicht vermeiden.* Der Dummkopf kann nicht einfach sagen: »Jetzt mal im Ernst.« Selbst wenn er es täte, hätte seine Intelligenz bereits den Status der Dummheit.

Wie nun ließe sich Erkenntnis der Dummheit erlangen? Wer dumm ist, weiß nicht, was Dummheit ist – und sogar das nicht. Wer nicht dumm ist, weiß nicht, was es bedeutet, dumm zu sein.

Nicht nur die Unwissenheit, sondern auch das Wissen treibt seinen Schabernack mit uns. Unser Denken kommt nicht ohne die Binsenwahrheiten aus, die den Zugang zur wahrhaften Weisheit verstellen. Der Gegensatz zwischen Dummheit und Intelligenz ist selbst eine Binsenwahrheit, die unsere Sicht auf die Dummheit beeinträchtigt. Die Dummheit der Erkenntnis versagt uns den Zugang zur Erkenntnis der Dummheit.

Und umgekehrt gilt: Durch das wachsende Wissen entfernen wir uns immer mehr von der gesuchten Dummheit. Die Erkenntnis der Dummheit beeinträchtigt unsere Sicht auf die Dummheit der Erkenntnis.

Kurzum, die Dummheit ist unerreichbar, läßt sich aber ebensowenig vermeiden; darin besteht das Dilemma des Dummschaftlers. Wir sind in unserer eigenen Weisheit befangen. Die Situation ist so ausweglos wie die in der niederländischen Ortschaft Spijk, die ohne klar erkennbare Straßenzüge rings um eine Kirche gebaut ist. Wer nicht achtgibt, verpaßt den Dorfausgang. So wird erzählt, daß ein abreisender Besucher aus Westfalen sechsunddreißigmal um die Kirche ging und verblüfft ausrief: »Ist dieses Spijk reich! Es gibt hier gut und gern sechsunddreißig Schmieden!«

So wähnen wir uns auch im reichen Besitz der Weisheit.

Die Salzaussaat

In einer guten Enzyklopädie steht nichts Originäres.

Lorenzo Morales, *Morosofia* (1692)

Wie sollen wir die Dummheit der Intelligenz aufzeigen, wenn wir für die Beweisführung auf eben dieselbe Intelligenz angewiesen sind? Indem wir eine ausgemacht törichte Theorie entwickeln. Nur durch ein System, das in seiner Absurdität die eigene Dummheit handgreiflich vor Augen führt, vermeiden wir die Fallstricke des Besserwissers.

Der Ausgangspunkt lautet: *Ich bin dumm!* Damit reihen wir uns in eine lange Tradition von Schriftstellern ein, die die Torheit zu Wort kommen ließen. Entweder ist die Aussage weise, doch derart würde sie sich selbst Lügen strafen, und damit wäre sie dumm; oder aber die Aussage ist dumm, doch derart würde sie wieder die Weisheit der Aussage bezeugen. Kurzum, die unmögliche Prämisse hält den Abgrund zwischen Weisheit und Dummheit offen, die Kluft, die das Denken bewegt. Die These gehorcht der megarischen Logik der Lügner-Paradoxie. Megara ist eine Stadt in Griechenland, die nicht nur für ihre Dummheit bekannt war, sondern auch und vor allem für ihre Akademie, die sich auf die Eristik verlegt hatte: die Kunst, recht zu behalten, selbst wenn man nicht recht hat. Zwischen der Struktur solcher Sophismen und den Regeln des Komischen besteht eine enge Verwandtschaft. Die von uns befolgte Methode ist jedoch keine Parodie, keine Karikatur des Denkens, sondern eine wahrheitsgetreue Imitation der Torheit, die in unserem Geist waltet.

Wir plagiieren und kombinieren die Denkfiguren, um sie ihrer erstarrenden Wirkung zu berauben und auf ihre verblüffende Kehrseite hinzuweisen. Beide Aspekte, Erstarrung und Verblüfftheit, sind im Wort »stupor« enthalten, das etymologisch mit »Stupidität« verwandt ist. Ein Mittel gegen die Dummheit sollten wir nicht von der Weisheit erwarten, sondern in jener Dialektik suchen, die der Dummheit innewohnt.

Die Eristik liefert die Instrumente, um die dummen, doch zweckmäßigen Strategien aufzudecken, durch die wir das Leben einsichtig machen. »Dumm«, weil diese Kunstgriffe nur solange wirkungsvoll sind, wie wir sie nicht wahrnehmen. Das gleiche gilt für Lügen, doch im Unterschied zum Lügner ist der Dummkopf blind gegen seine eigene Rhetorik.

Diesem Selbstbetrug stellen wir keine philosophische oder logische Wahrheit entgegen, sondern eine rhetorische, paralogische Wahrheit. Wir suchen den geschmähten Inhalt in der Form zu übersteigen. Unsere Bemühungen zielen auf eine unfundierte Theorie, die die Dummheit anschaulich darstellt und zugleich indirekt, in der spielerischen Art, in der dies geschieht, auf eine Alternative hinweist. Die Moral steckt in der Methode: Indem wir die Dummheit imitieren, machen wir die Weisheit produktiv.

Wir pflügen den Sand, säen das Salz aus und ernten Mannstreu.

Dumm gebettet

Potius deficere quam desperare

Devise eines Amsterdamer Gymnasiums

Lieber scheitern
als verzweifeln.

In einem mittlerweile abgerissenen Gebäude an der Reguliersdwarsstraat in Amsterdam befand sich kurz nach dem Krieg das Hotel Dom, zu deutsch: Hotel Dumm. Als die Eigentümerin noch als Zimmermädchen im nahe gelegenen Carlton Hotel angestellt war, hatte sie den Wunsch geäußert, sich irgendwann einmal selbständig zu machen. Man hatte ihr jedoch gesagt, sie sei zu dumm dazu. Da dem Ruf nicht zu entkommen war, bezog sie Quartier in der Dummheit und begann, Profit daraus zu schlagen.

Die methodische Dummheit

Eine wiederholte
Dummheit hat die
Kraft der Wahrheit.

En vertu du principe *Bis stultitia veritatem valet*
on a prétendu que le savoir n'était que le souvenir
de toutes les erreurs passées.

Monsieur Psittacus in *Le Phanérogame* (1907) von Max Jacob

Dummheit ist ein Tabu. Nicht umsonst lachen wir über die Dummheit der anderen und versuchen unsere eigene Dummheit mit aller Macht zu verbergen. Wie sollen Sie bloß mit Ihrer Dummheit leben? Wie sollen wir verhindern, daß wir noch länger unserer eigenen Dummheit zum Opfer fallen?

Der Kampf gegen die Dummheit ist unsinnig. Die Intelligenz, die die Dummheit angreift, verstrickt sich im Netz der eigenen Denkmuster. Prävention ist nutzlos. Wer etwas Dummes anstellt, erkennt dies grundsätzlich zu spät. Vor der Dummheit gibt es keinen Schutz. Die dümmste Lösung bestünde darin, daß Sie verstummen, aus Angst, eine Dummheit zu begehen.

Das beste Rezept gegen eine bereits begangene Dummheit ist, sie zu wiederholen. Die Wiederholung nimmt der Dummheit ihren tragischen Stachel, sie macht Ihre Dummheit zu einem Witz. Die unbewußte Dummheit wird zu einer bewußten; man wird Sie für einen Humoristen ansehen, der in unserer Kultur den Inbegriff der Gewitztheit verkörpert.

Die methodische Dummheit läßt sich anhand zweier, miteinander verwandter Geschichten veranschaulichen. Ein südafrikanischer Gast, der mit den Tischsitten am niederländischen Hof nicht vertraut war, trank seine Fingerschale leer, woraufhin Königin Wilhelmina aus Höflichkeit seinem Beispiel folgte. Die Wiederholung nahm der Dummheit ihren Stachel.

Die andere Geschichte handelt von einem Chinesen in Afrika, der eine Banane serviert bekam und, ahnungslos, die Frucht samt Schale aufaß. Um seinen Gast zu belehren, fing der unhöfliche Gastgeber demonstrativ an, seine eigene Banane zu schälen. Der Chinese sah ihm zu und griff sodann nach einer weiteren Banane, um diese … wiederum komplett mit Schale aufzuessen, nach eigenem Bekunden, weil sie so besser schmecke. Erneut nahm die Wiederholung der Dummtat ihren Stachel.

Der Dummheit kann man nicht entrinnen. Doch wir können aus unserer Dummheit eine persönliche, einzigartige Dummheit machen. Wenn wir sowieso scheitern müssen, dann sollten wir es auf dem höchstmöglichen Niveau tun. Wenn wir ohnehin stolpern, dann eben fröhlich singend. Indem wir so schillernd und vielseitig wie möglich dumm sind, entfliehen wir dem grauen Mittelmaß und der Sturheit, den beiden gefährlichen Seiten der Dummheit. Laßt uns die Dummheit zu unserer stärksten Seite machen.

III Fallor, der Aerobat

La bêtise n'est pas mon fort.

Paul Valéry, *Monsieur Teste* (1895)

Credo

Kein Mensch ist intelligent genug, seine eigene Dummheit zu begreifen. Und das ist auch besser so. Die vergeblichen Versuche, die eigene Dummheit in den Griff zu bekommen, bilden zusammengenommen unsere Intelligenz.

»Jedesmal wenn ich mich dumm finde, bestätige ich mich selbst.«

Wer ist Fallor?

Fallor unterscheidet sich durch Sprache, Kleidung und Eßgewohnheiten von seinen Freunden und Feinden. Die Unterschiede zu anderen bestimmen sein Wesen. Seine Identität wird somit durch eine Außengrenze bedingt.

Allerdings kennt Fallor auch eine innere Grenze, denn wann ist er überhaupt der richtige Fallor? Genaugenommen nie. Fallor meint sich selbst zu kennen, mit all seinen guten und schlechten Eigenschaften, aber jedesmal aufs neue staunt er über seine eigene Idiotie.

Den richtigen Fallor gibt es nicht, doch das ist kein Problem. Fallor ist nur Fallor in den mehr oder weniger schillernden, aber vergeblichen Versuchen, sich selbst zu beweisen. Dummheit ist seine Stärke. Das Scheitern definiert seine Identität. »Und wenn scheitern unvermeidlich ist, dann am besten auf dem höchstmöglichen Niveau.«

Diese Gedanken entwickelte Herr Fallor, während er auf seinem Hometrainer radelte, dem einzigen Ort, an dem er hin und wieder an seine Grenzen stieß.

Ein Fest für Pessimisten

Fallor lebt sein Leben nicht, weil es so wahr, gut oder schön ist, sondern weil es nun einmal ist, wie es ist: idiotisch. Da ihm diese Einsicht ein bißchen zu viel ist – oder ein bißchen zu wenig – tut er so, als sei das Leben wahr, gut und schön; oder als sei es verlogen, schlecht und häßlich: Das Leben ist ein Fest für Pessimisten; alles ist halb so schlimm!

Das Ohrläppchen

Nach altem jüdischen Brauch wird in jedem neu errichteten Gebäude ein Stein schief angebracht, um der Unvollkommenheit des Menschen Ausdruck zu verleihen. Die Perser machen absichtlich einen Webfehler bei der Herstellung ihrer Teppiche, da sie nicht mit der Vollkommenheit Gottes konkurrieren möchten. Nach der Geburt Fallors biß ihm seine Mutter eine kleine Ecke aus dem Ohrläppchen.

Diese demütigen Handlungen zeugen von Hochmut; doch gerade als solche sind sie ein Beweis der Unvollkommenheit ...

Familientragödie

Junger Vater springt im Spiel mit seiner Frau über den gedeckten Tisch und zerquetscht Säugling.

Für eine Ästhetik der Dummheit

Fallor stieß mit seinem Koffer die Glastüren des Hotels Porta Cornea auf. Wie um die Gäste auf die Probe zu stellen, war unter den Mohnblumen in der Glasmalerei die Maxime *per non dormire* eingearbeitet. Schlafen, indem man nicht schläft ...

Von dieser Dialektik benebelt, sank Fallor in seinem Zimmer aufs Bett.

Doch da stimmte schon wieder etwas ganz und gar nicht. Nach einigen Minuten wurde ihm klar, daß die abstrakten Ornamente auf der Tapete keinerlei Wiederholung oder Symmetrie aufwiesen!

In seiner *Kritik der Urteilskraft* nennt Kant drei Beispiele reiner Schönheit: Marschmusik, Kolibris und Tapetendessins. Zweckmäßigkeit ohne Zweck, vorausgesetzt, sie führt zur Harmonie von Verstand und Einbildungskraft, begründet das interesselose Wohlbehagen.

Das chaotische Muster, das sich auf den Wänden und der Decke seines Schlafzimmers abzeichnete, löste bei Fallor dagegen Unbehagen aus, da es seinen Verstand und seine Einbildungskraft überstieg.

Hätte er sich vorzustellen versucht, daß die Tapeten in den angrenzenden Zimmern eine getreues Abbild der Tapete in seinem eigenen Zimmer bildeten, hätte er vielleicht seine Nachtruhe finden können. Fallor aber widerstand der Versuchung, einen »Großen Tapezierer« ins Leben zu rufen. Lieber begrüßte er das beunruhigende Muster als einen Beitrag zur Selbstverwirklichung: Fallor wurde erst Fallor im vergeblichen Kampf gegen die Elemente, die ihn daran hinderten, zu sich zu finden.

Ganz unbeschwert versank er in einen tiefen Schlaf.

Weitere Überlegungen zu einer Ästhetik der Dummheit

Am nächsten Morgen radelte Fallor stationär so um die zwanzig Kilometer mit Blick in den Spiegel über seinem Waschbecken. Kurze Zeit später gab er sich neuen Proben seiner Aerobatik hin.

Kriege, Sternsysteme und der Petersdom bereiten Unbehagen, weil sie unsere Einbildungskraft übersteigen. Doch gerade indem sie uns unsere Beschränkungen aufzeigen, geben sie uns einen Vorgeschmack von etwas Höherem, und das stiftet nach Kant Wohlbehagen am Unbehagen.

Die megarische Logik führte Fallor indessen zu der Annahme, das Höhere würde durch unsere Dummheit definiert. Das Übersinnliche bestehe nur dank der Verblüffung. »Die entfesselten Elemente singen von der Dummheit des Menschen.«

Über diesen Gedankensalto kam Fallor wieder zu sich. Er klappte seinen Hometrainer zusammen, packte ihn in seinen Koffer und verließ Hotel Porta Eburnea.

Homöopathische Dummheit

Um die Tragik seines Ausrutschens abzufedern, mischte Fallor seinen Handlungen immer einen Tropfen Dummheit bei. Das heißt nicht, daß er absichtlich eine Dummheit begangen hätte. Dummheit wirkt grundsätzlich nur unwissentlich und ungewollt. Was tun? Der Tropfen Dummheit ist das Utopische, Ungereimte, Unmögliche, das jeden wohlgewählten Zweck kennzeichnet; etwas, das zum Scheitern verurteilt ist und nur dann, durch Schaden, zur Weisheit führen kann.

Du sublime au ridicule

Fallors Garten ist voller gigantischer Skulpturen, eigenhändig fabrizierter Versuche, sein Leben zu gestalten: eine Maschine mit Töpfen, Federn und Fähnchen, ein endloser Haha, ein monumentaler Obelisk und andere großangelegte Plastiken.

Strenggenommen handelte es sich bei den Skulpturen um erhabene Mißerfolge. Es war unmöglich, sich von Fallors Leben eine hinreichende Vorstellung zu machen. Doch durch ihr Scheitern ließen die Skulpturen indirekt ahnen, was sein Leben sein könnte. In ihrem Mißlingen waren sie gelungen.

Ganz von sich erfüllt, stand Fallor tagelang in seinem Garten.

Den Nachbarn drang sich die Frage auf, ob er noch ohne seine Skulpturen auskommen konnte. Hatte Fallor überhaupt ein Leben jenseits seiner hoffnungslosen Versuche, sein Leben in den Griff zu bekommen?

Kein Problem. Fallor betrachtete das Erhabene als etwas Lächerliches – in ihrem gigantischen Ausmaß machten die Skulpturen den Mißerfolg greifbar, der Fallors Leben im Grunde war. Langsam setzte sich die Maschine mit Töpfen, Federn und Fähnchen in Bewegung, um Fallors Scheitern zu bejubeln.

Das unerhörte Studium

Fallor aß jeden zweiten Tag im Restaurant Tête-à-queue. Die Stammgäste wurden an langen Tischen bewirtet. Fallor reihte sich ein. »Was gibt Ihnen das Recht, sich hier hinzusetzen?« fragte sein Tischnachbar. Mit aufrichtigem Interesse erkundigte sich Fallor, ob der Mann vielleicht Jura studierte.

»Raten Sie noch mal«, sagte der Student.

»Freizeitkunde? Stadtplanung? Ergonomie?«

Der andere sah ihn lächelnd an.

»Psychologie? Anthroposophie? Philosophie?«

Nach bestem Wissen und Gewissen bemühte sich Fallor um die richtige Antwort. »Volkswirtschaft? Astronomie? Architektur?« Amüsiert ermunterte der Student ihn weiterzuraten. Fallor nannte alle Studienfächer, die ihm in den Sinn kamen. »Philologie? Archäologie? Musikwissenschaft?« Allmählich verschwand das Lächeln vom Gesicht des Studenten. »Mathematik? Medizin? Physik?« Die Unsicherheit Fallors wuchs proportional zur Unsicherheit seines Tischnachbarn. Wer nahm wen auf den Arm?

Als Fallor anfing, sich zu wiederholen, weil ihm kein Studienfach mehr einfallen wollte, war der andere überzeugt, Fallor wüßte genau, was er sei.

Erschüttert verließ der Student das Lokal. Der Mann der treffsicheren Pleiten hatte wieder zugeschlagen.

Morologie

Eine angewandte Morologie gibt es nicht. Die Gesetze der Dummheit lassen sich nicht in die Praxis umsetzen. Der Versuch, um des lohnenden Nebeneffekts eine Pleite herbeizuführen, würde sich selbst untergraben. Die Gesetze greifen lediglich ungewollt und unwissentlich.

Es verhält sich wie mit Murphys Gesetz: »Wenn etwas schiefgehen kann, wird es schiefgehen.« Man sollte jedoch nicht versuchen, dieses Gesetz anzuwenden, denn dann würde man von Silbermans Paradox ereilt: »Wenn Murphys Gesetz versagen kann, wird es versagen.« (Arthur Bloch, *Murphy's Law. All the Reasons why Everything goes Wrong*, London 1985)

Nichtsdestotrotz besuchte Fallor Stolperkurse an der Theaterschule, und seine scheiternden Ausrutscher waren ein großer Erfolg.

Fallor in den Ferien

Unterwegs hielt Herr Fallor an und wartete, bis der Fluß vorbeigeströmt war.

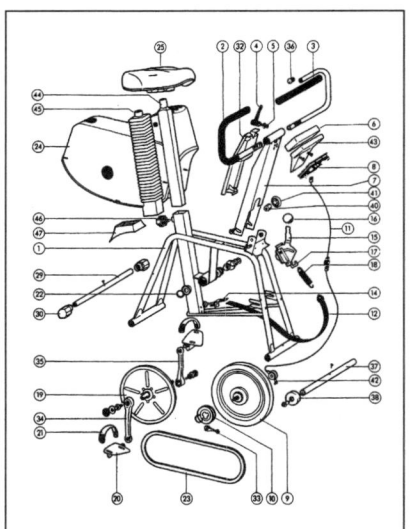

Explosionsdiagramm
der Fallorschen Geheim-
waffe: Der GOLF

IV Der Haha

Drei dumme Landkarten

Wenn wir eine exakte Karte der Welt herstellen möchten, müßten wir auf dieser Karte die Karte selbst kartieren, die ihrerseits eine Karte der Karte der Karte enthalten müßte, und so weiter bis ins Unendliche. Die Paradoxie der eingebetteten Karte wurde von Josiah Royce in *The World and the Individual* von 1899 beschrieben.

Ganz anderer Art ist das Unendliche in der Paradoxie der vollständigen Karte aus *Sylvie and Bruno concluded* von Lewis Carroll (1893; deutsch: *Sylvie und Bruno. Die Geschichte einer Liebe*). Eine Figur namens *Mein Herr* erzählt von einem Plan, der so lange perfektioniert wurde, bis er das Land im Maßstab eins zu eins wiedergab. Die Bauern jedoch beschwerten sich, da sie befürchteten, die Karte könnte, einmal ausgefaltet, die Felder zudecken und das ganze Sonnenlicht fernhalten.

Schließlich kam jemand auf die Idee, das Land als seine eigene Karte zu benutzen, und bis heute hat das Land für seine Einwohner diese Funktion erfüllt.

Diese drei Karten veranschaulichen das Problem der Dummheit. Jede Ordnung birgt in sich die totalitäre Versuchung. Doch das Streben nach Ganzheit wird von einer Idiotie unterhöhlt, an der jede Organisationform früher oder später zerschellt – von einer ungreifbaren Verrücktheit, die das System zu einer Farce herabzuwürdigen droht. Der unendliche Regreß lehrt uns auch, daß es letzlich die Karte selbst ist, die einer erfolgreichen Kartierung der Welt im Wege steht.

Die Idiotie stellt eine Bedrohung der Ordnung dar; eine direkte Konfrontation mit der Idiotie würde zur *Entgeisterung* führen. Aber die Idiotie ist gleichzeitig eine Bedingung für das Funktionieren unserer

Konstruktionen: Sie schützt gegen die *Betörung*. Die Idiotie gibt zu denken.

Entgeisterung und Betörung sind zwei Formen des Stupor. Zuviel Idiotie führt zu Panik, zu wenig Idiotie zur Verdummung, wie die Paradoxie der vollständigen Karte klarmacht. Es gilt also, sich die Idiotie vom Leibe und sie sich zugleich warmzuhalten.

Und das führt uns zu der Frage: Wie ist eine vollständige Kartierung der Welt möglich? Sofern alle einschlägigen Versuche scheitern, liegt dies daran, daß die Kartierung nur gelingen kann, wenn man den Mißerfolg selbst als Ausgangspunkt nimmt. Nur eine Ordnung, die stets an die eigene Unmöglichkeit erinnert, verhindert Panik ebenso wie ihre Kehrseite, die Betörung. Deshalb wäre es die beste Lösung, die Welt als ihre eigene Karte zu benutzen, denn nur so führt die Welt die Torheit des ganzen Unterfangens handgreiflich vor Augen.

Die Gefahr besteht allerdings, daß wir auf Dauer die inhärente Torheit, *die leere Entfernung, die die Welt von sich selbst als ihrer eigenen Karte trennt*, übersehen und uns einbilden, alles zeige sich von selbst. Um dies zu verstehen, müssen wir uns mit der Rolle des Haha in der französischen und englischen Gartenarchitektur befassen.

Die Torheit des französischen Gartens

Le Nôtre enferma l'ennui dans ses murailles.

Lézay-Marnésia, *Les Paysages* (1800)

Der bedeutendste Vertreter der französischen Landschaftsarchitektur war André Le Nôtre (1613–1700). Dieser Mathematiker, Zeichner und Gärtner wurde 1640 von Ludwig XIV. zum Gartenbaumeister von Versailles ernannt. Gerüstet mit den geometrischen Gesetzen der linearen Zentralperspektive, sagte er der Natur den Kampf an.

Der französische, formale Garten ist um eine Zentralachse organisiert, die sich in gerader Linie vom Palais bis zum Horizont erstreckt und um die zu beiden Seiten Blumen*parterres*, Springbrunnen, symbolische Statuen und Wasserbassins, in denen sich der Himmel spiegelt, symmetrisch angeordnet sind. Vom Treppenpodest aus überschauen wir mit einem Blick das Ganze. Eingedenk der Devise Ludwigs XIV.: »Ut vidi, vici«, ist der Garten überwunden, sobald wir ihn sehen. Das ist zugleich sein Nachteil: Der französische Garten überläßt nichts der Phantasie. Die Symmetrie wird schnell langweilig:

Kaum sah ich, hatte ich gesiegt.

> »[…] La nature féconde
> Varie à chaque instant le théâtre du monde;
> Et nous, dans nos enclos stérilement ornés,
> Nous la bornons sans cesse à nos desseins bornés:
> Là, j'admire un moment d'ordre, la symétrie;
> Et ce plaisir d'un jour est l'ennui de la vie.«

Saint-Lambert, *Les Saisons* (1785)

Während die Symmetrie innerhalb des Gartens uns zu viel ist, scheint an seiner Außengrenze ein Mangel auf, denn wie ausgedehnt die Besitztümer des Fürsten auch immer sein mögen, früher oder später stoßen wir auf eine Mauer. Die Mauer gibt uns das beängstigende Gefühl, eingeschlossen zu sein. Zudem weckt sie das heimliche Verlangen zu sehen, was dahinter ist. Auf der anderen Seite vermuten wir noch reizvollere Orte. Diese Unruhe vermiest uns den Spaß am Garten.

Die Mauer trennt indessen nicht nur die Kultur von der sie umringenden Natur, das Hindernis läßt auch die Beschränktheit spüren, die dem formalen Garten anhaftet, seine grundsätzliche Borniertheit, die um so augenfälliger ist, als sie sich in einer Mauer materialisiert! Die Symmetrie wirkt beklemmend. Wir fühlen uns heimatlos, verbannt aus einer freien Natur. Um diesem Gefühl des Unbehagens zu entkommen, ist in vielen französischen Gärten der Ahah eingeführt worden.

Der Ahah

Le goût des points de vue et des lointains vient
du penchant qu'ont la plupart des hommes
à se plaire où ils ne sont pas.

Jean-Jacques Rousseau, *La nouvelle Héloïse* (1761)

Eine Definition des Ahah finden wir in der Enzyklopädie von Diderot und d'Alembert (Band 1, 1751), in dem von d'Argenville verfaßten Artikel »Ah!-Ah!«:

> »AH-AH, (Gartenkunst) CLAIRE VOIE oder SAULT DE LOUP. Darunter versteht man einen Durchlaß in einer Mauer, der sich auf gleicher Höhe zu den Alleen befindet, mit einem Graben zu seinen Füßen, der uns in Erstaunen versetzt und uns ein ›Ah-ah‹ entlockt. Man behauptet, seine Exzellenz, der Sohn Ludwigs XIV., habe diesen Ausdruck erfunden, als er in den Gärten Meudons spazierenging.«

An manchen Stellen sind die Gartenmauern vollständig durch tiefe Gräben ersetzt worden, die aus der Entfernung dem Blick entzogen bleiben. Eigentlich ist der Ahah militärischen Ursprungs, er diente als Fallgrube für die feindliche Kavallerie. In der Gartenarchitektur wird der Ahah jedoch eingesetzt, um uns aus der Beklemmung zu befreien, indem er eine Aussicht auf die umgebende Natur gestattet. Gleichzeitig verhindert er das Eindringen unerwünschter Besucher. Aber auch der Ahah vermag uns nicht mit dem Garten zu versöhnen, im Gegenteil. Der Blick verliert sich in der Ferne, um das Nahe nicht sehen zu müssen. Das Paradies ist anderswo. Nur ein schlechter Künstler, der uns mit dem, was uns umringt, nicht zufriedenstellen kann, muß auf den Ausblick zurückgreifen. Der Ahah zeugt von einem künstlerischen Mißerfolg und ruft überdies Frustration hervor. Wir sehen nur Ausschnitte der Natur, doch wir möchten ungehindert von irgendwelchen Hindernissen einen kompletten Rundblick genießen. Die Erfindung des Grabens läßt uns das Lächerliche des Gartens einsehen. »Ahah« ist nicht nur ein Ausruf des Staunens, sondern auch der Enttäuschung.

Ein Ahah in Versailles
Foto: Matthijs van Boxsel

In den Gärten von Versailles hat man später versucht, die Beklemmung aufzuheben, indem man mit Hilfe von Ahahs die Illusion hervorrief, daß der Garten die ganze Welt umspannte. Unverstellt von Mauern, verlaufen Wege vom zentralen Kanal zum Horizont, Sichtachsen, die suggerieren, es gäbe nichts außer dem Garten. Die scheinbar unendliche Ordnung symbolisiert zugleich die uneingeschränkte Herrschaft des Fürsten.

Freilich war auch dieser Absolutismus zum Scheitern verurteilt – das einzige Resultat war, daß die Beklemmung selbst als unendlich erfahren wurde. Die Welt wurde zum Gefängnis ohne Mauern.

Die Entdeckung des Ahah setzte der Illusion der räumlichen Unbegrenztheit ein Ende, doch er erinnert auch an die Torheit der Ordnung. Ahah ist ein Ausruf der Verblüffung und zugleich der Erleichterung.

Die französischen Gärten werden nie als eine zweite Natur empfunden. Nirgends sprechen sie für sich. Wie sollen wir bloß mit der Torheit, die jedem Garten anhaftet, umgehen? Indem wir den Ahah in einen Haha verwandeln!

Die Torheit des englischen Gartens

Der bedeutendste Vertreter der englischen Gartenarchitektur war Lancelot Brown (1715–1783). Er trug den Spitznamen »Capability«, da er die Gabe besaß, ein Landgut rasch und kundig nach seinen verborgenen Möglichkeiten zu beurteilen. Brown schwebte eine »verbesserte« Version der englischen Landschaft vor. Es handelt sich hier um eine ästhetische Tautologie: Brown wollte die Natur in einen Garten transformieren, der der Natur ähnlich sieht. Das Ideal des englischen Gartens war eine urwüchsige Landschaft.

Ein Ausritt über das Landgut und einige Berechnungen genügten Brown, um einen Plan zu erstellen. In den Gärten von Hampton Court hat er gegenüber Hannah More seine Arbeitsweise mit Hilfe einer bemerkenswerten Metapher erläutert:

> »Also da, sagte er und zeigte mit dem Finger, setze ich ein Komma, und dort – auf eine andere Stelle deutend, wo eine resolutere Wendung angebracht wäre – setze ich einen Doppelpunkt; in einem anderen Bereich (wo ein Einschnitt wünschenwert erschien, um die Aussicht zu brechen) eine Parenthese – jetzt einen Punkt, und dann wechsele ich das Thema.«

So als bestünde seine einzige Tätigkeit darin, eine Interpunktion zu setzen, um die Natur für sich sprechen zu lassen. Doch das Machtwort, so William Cowper, sprach Brown selbst:

> »He speaks. The lake in front becomes a lawn;
> Woods vanish, hills subside, and vallies rise
> And streams, as if created for his use
> Pursue the track of his directing wand.«

Um sein Ideal zu verwirklichen, ließ Brown buchstäblich Berge versetzen, Gehöfte umsiedeln, Flüsse anlegen, Täler fluten, Tausende von Bäumen fällen und anpflanzen. Wenn er dann von den »capabilities«, den Anlagen des Landes spricht, klingt dies wie eine Parodie auf den Genius loci, den Geist, der den Römern zufolge von Natur her einer Landschaft innewohnt. Der von Brown freigelegte »Geist« war jedoch vielmehr der retroaktive Effekt seiner scheinbar unerschrockenen, in Wirklichkeit aber visionären Eingriffe. Die ganze Planung erfolgte im Hinblick auf die Nachwelt. Er selbst sollte das Resultat nie zu Gesicht bekommen. Holzzäune mußten die Pflanzungen noch jahrelang gegen das Vieh schützen. Und während die Gärten langsam erblühten, vergaß man allmählich ihren künstlichen Ursprung! Vieles von dem, was wir heute als die typische, natürliche Landschaft des englischen Flachlands ansehen, ist Browns Werk. Anläßlich seines Todes schrieb Horace Walpole:

> »Such was the effect of his genius that when he was the happiest man, he will be least remembered; so closely did he copy nature that his works will be mistaken.«

Der Haha

Prata rident   Die Weiden lachen.

Emanuele Tesauro, *Il cannocchiale aristotelico* (1654)

Der Kunstgriff, der den Landschaftsgarten ermöglichte und das Erscheinungsbild Englands so grundlegend verändern sollte, war die Einführung des Haha:

> »Der größte Einfall, der wichtigste Schritt hin zu allem Folgenden (und ich glaube, daß Bridgeman als erster den Gedanken dazu faßte), waren das Niederreißen der Mauern als Grenzen und die Erfindung der Gräben – ein Unterfangen, das seinerzeit für derart sonderbar erachtet wurde, daß das gemeine Volk sie Ha!Ha!s nannte, um seiner Verwunderung darüber Ausdruck zu verleihen, seinen Spaziergang so jäh und unverhofft verbaut zu sehen.«
>
> Horace Walpole

Wohlgemerkt: Nicht der absolute Fürst, sondern das Volk staunt. Mit der politischen Landschaft ändert auch der Garten sein Aussehen. Um

die Illusion von Natürlichkeit herbeizuführen, müssen die Mauern restlos den Gräben weichen. Auf der einen Seite wird im Graben selbst eine
Mauer errichtet; auf der anderen Seite wird der Boden bis zur Flurhöhe
abgeböscht, damit die Tiere bis an die Mauerkante weiden und den Graben so von Unkraut freihalten können. In hügeligem Gelände wird eine
Mauer errichtet, anschließend Erde davor aufgeschüttet. Am Fuß wird
eine Entwässerungsrinne angelegt.

Dank des Haha wirken die Felder aus der Entfernung wie eine Fort-
setzung des Gartens, nur können die Schafe nicht in den Park gelangen:

>»The wand'ring flocks that browse between the shades,
Seem oft to pass their bounds; the dubious eye
Decides not if they crop the mead or lawn.«

William Mason

Wo der Garten scheinbar nahtlos in die Natur übergeht, liegt ein Haha
begraben. Der Haha ermöglicht eine unverstellte Sicht auf die umgebende Natur. Der Garten und das Land »verschmelzen« zu einem groß-
zügigen Park.

Einige Varianten des Haha

Die zweite Natur

Ich fürchte doch sehr, daß die Natur selbst
nichts anderes darstellt als eine erste Gewohnheit,
so wie die Gewohnheit eine zweite Natur ist.

Pascal, *Pensées*

Daß die erste Natur bereits eine zweite Natur ist, wird vom englischen
Garten auf karikaturistische Weise demonstriert. So schreibt Walpole
über den Gartenarchitekten William Kent, den Lehrmeister Browns:
»He leaped the fence, and saw that all nature was a garden.« Von dem
Prinzip ausgehend, daß die ganze Natur ein Garten ist, wird der Garten
so sehr in die Natur integriert, daß er letzlich nicht mehr als solcher
erkennbar ist. Das ist der Trick des Naturalismus. Der englische Garten
verschwindet in seinem eigenen Ideal. Der Garten wird zur Landschaft,
die Natur zu ihrem eigenen Park. Nach Jean-Jacques Rousseau bedingt
die Abwesenheit jeglicher Kunst die Perfektion des Gartens, doch hier
handelt es sich um einen Garten, dessen Vollkommenheit durch das Fehlen des Gartens bedingt wird!

Zu sagen, unser Bild der Natur sei kulturell geprägt, ist eine Binsenweis-
heit. Ihr sei hinzugefügt, daß jedwede für sich sprechende Natur einen
Haha enthält.

Anders als im französischen Garten setzt die Entdeckung des Haha
der Illusion kein Ende, da der englische Garten sich nicht mehr von der
Landschaft um ihn herum unterscheiden läßt. »Haha« ist ein Ausdruck
leichter Verwunderung. Wir lachen über den scheinbar sinnlosen Graben. Jedoch vergeht uns das Lachen, sobald wir einsehen, daß dieses
Element von innen heraus die »Natur« organisiert, in der wir umher-
wandern.

Der Orchestergraben der Natur

A true artist should put a generous deceit on the spectators.

Edmund Burke

In David Garricks Theaterstück *Lethe or Esop in the Shades* (»Lethe oder Äsop im Hades«) von 1740 begegnen wir Äsop an den Ufern des Styx, in Gesellschaft von Lord Chalkstone, einem Anhänger Browns, der kritische Anmerkungen zur Einrichtung der Unterwelt macht. So zeigt er auf die elysischen Gefilde:

> »die im übrigen miserabelst gestaltet sind – eine einzige Geschmacklosigkeit! Ohne den geringsten Anflug von Phantasie! Euer Fluß dort, wie nennt er sich noch? Styx … also … er ist so gerade wie Fleet-ditch. Sie hätten ihm einen Serpentinen-Schwung verleihen und die Ufer leicht abfallen lassen sollen. Der Ort hat in der Tat hübsche *>capabilities<*, freilich sollten Sie den Wald zur Linken ausholzen wie auch die Baumgruppe zur Rechten. Kurzum, das Ganze bedarf der Abwechslung, Weite, der Konstraste und der Unebenheit.« (Er geht zum Orchstergraben, hält plötzlich inne und schaut in die Tiefe.) »Ist das die Möglichkeit, da ist ein hübscher Hah-hah!«

Der Orchestergraben ermöglicht die Illusion auf der Bühne, vorausgesetzt, er wird nicht gesehen. Desgleichen ist der Haha der verborgene Punkt, von wo aus der englische Garten dirigiert wird.

Ebenso wie der französische Ahah markiert der englische Haha nicht nur die formale Trennung zwischen Garten und Natur, sondern auch die Begrenzung, die jedem Garten anhaftet. Es gibt indessen einen großen Unterschied.

Die Grenze des französischen (Lust)Gartens ist der Garten selbst: Auf Dauer wirkt seine Form, die erst die Lust ermöglicht, erstickend. In einem vergeblichen Versuch, dieser strukturellen Torheit des Gartens zu entkommen, wird mit Hilfe des Ahah ein Ausblick auf die unberührte Natur ringsherum gewährt oder der Eindruck einer unendlichen Kultur erzeugt.

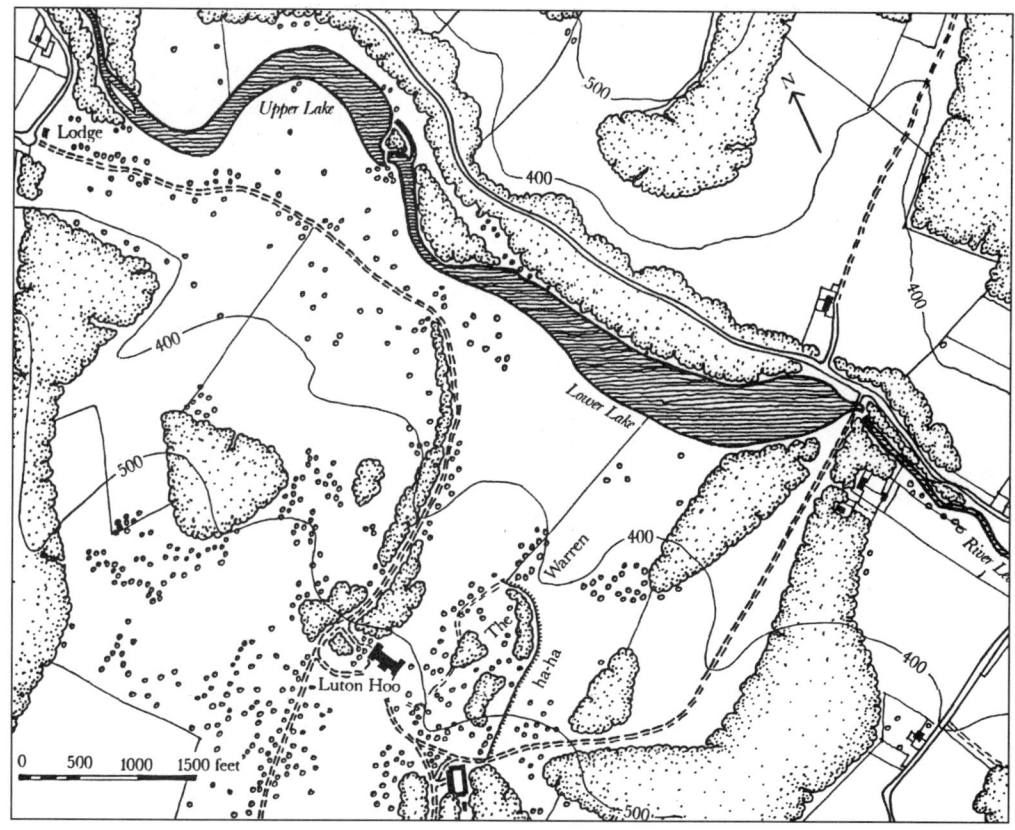

In der englischen Landschaft hingegen wird die Dummheit, die dem Garten eigen ist, selbst zur Quelle ästhetischen Vergnügens. Der Garten verwandelt sich von einem durch Mauern umschlossenen Gebiet in einen von der Natur nicht unterscheidbaren Park, der durch den Haha zentriert wird: Die Grenze also wird zum Dreh- und Angelpunkt. Die beklemmende Form verkehrt sich in eine treibende Kraft. Der Garten verdankt seine Dynamik der inhärenten Spannung – nicht zwischen Kultur und Natur, sondern zwischen der »Natur«, insofern sie kultiviert ist, und der unbezähmbaren Idiotie, die im Haha ihren Ort gefunden hat. Der Garten bekommt etwas Natürliches in der Reihe von vergeblichen Versuchen, den Garten zu einer zweiten Natur zu machen. Die englische Landschaft ist ein wandelbarer Garten, ein innerer Widerspruch. Das ist der Kunstgriff, der der Ästhetik Edmund Burkes zugrunde liegt.

Der Haha in Luton Hoo

Der erotische Empirismus

Beauty in distress is much the most affecting beauty.

Edmund Burke

Ebenso wie ihre französischen Kollegen sagten die englischen Gartenarchitekten der Natur den Kampf an. Die Natur galt ihnen als »raw god-
dess«, als unkultivierte Göttin, die ohne die göttliche Vernunft des Menschen, der das Beste aus der Natur ausliest und ihre »Makel« bereinigt,
nie zur Perfektion gelangen könne: »Where nature failed, Brown acted.«

Nach der neuplatonischen Lehre offenbart uns nur eine perfekte
Ordnung der Natur den Geist des Wahren und Schönen durch das Gute.
Der Künstler soll die Natur zu Formen ausgestalten, in denen das Ideale
»greifbar« wird. Der Trugschluß liegt auf der Hand: Die Natur wird vom
Menschen vervollkommnet, damit der Mensch seinerseits durch die frei-
gelegte »Wahrheit« der Natur vervollkommnet wird.

Der Neuplatonismus bildet den Schlüssel zu den Gärten William
Kents, doch um den Erfolg seines Schülers Brown zu verstehen, müssen
wir uns in den erotischen Empirismus Edmunds Burkes vertiefen, dessen
*Philosophical Enquiry into the Origin of Our Ideas of the Sublime and the
Beautiful* (deutsch: *Philosophische Untersuchung über den Ursprung unse-
rer Ideen vom Erhabenen und Schönen*) im Jahre 1756 erschien, als Brown
gerade seine Laufbahn als Landschaftsarchitekt begann. Nach Burke ist
die Botschaft der Natur weder moralischer noch didaktischer Art. Das
Schöne ruft keine Idee des Guten oder Wahren hervor, sondern ...
Liebe! Keine platonische, sondern sinnliche Liebe. Darunter versteht
Burke jedoch nicht etwa Lust oder rastloses Verlangen, sondern eine
Art der Anrührung. Der Garten bietet uns keinen Zugang zu höheren
Sphären, sondern vermag uns mit dem Leben hienieden zu versöhnen,
gerade indem er die eigene Unvollkommenheit handgreiflich vor Augen
führt.

Der französische Garten wird vom Verstand beherrscht, der mit seinen Maß- und Proportionsregeln die Bäume in Säulen, Pyramiden und
Obelisken verwandelt, Hecken in Mauern, Hügel in *Parterres*, Flüsse in
Kanäle und die Wege in geometrische Figuren. Doch die Schönheit ist
kein Kind der Vernunft oder des Verstandes. Das lehrt uns die Natur:

»Proportion ist nicht die Ursache der Schönheit im Pflanzenreich« (*Untersuchung*, III, 2). Es geht nicht um Perfektion. Ganz in der Tradition Humes und anderer Skeptiker des achtzehnten Jahrhunderts strich Burke die Beschränkungen unserer rationalen Konstruktionen heraus; doch er erklärte diese immanente Grenze zum Wesen des Schönen!

Die Unmöglichkeit, das Ganze zu erfassen, wird zur größten Attraktion der Brownschen Gärten. Um uns die Unruhe ebenso zu ersparen wie die stumpfsinnige Langeweile, die ihre Kehrseite darstellt, wartet der englische Garten mit *Allmählicher Abwechslung* auf. Endlose Wiederholungen und plötzliche Kontraste machen die Entspannung unmöglich, die ein charakteristischer Effekt der Schönheit ist. Aus diesem Grund wird jede gerade Linie, und sei sie auch natürlich, von Brown gebrochen. Die Umrisse des Gartens erhalten ein unregelmäßiges Aussehen, und im Inneren schlängeln sich Pfade entlang welliger Rasenflächen, die zu einem weitläufig mäandernden Fluß oder zu einem See mit buchtenreichen Ufern abfallen, in dem die Konturen und Farben der verstreuten Bäume sich spiegeln – die einzig erlaubte, weil von Wind und Wasser ins Werk gesetzte Symmetrie.

Die Metaphysik des Zickzack

Here the total artifice reveals itself
As the total reality

Wallace Stevens, *Someone Puts a Pineapple Together*

Der englische Garten schließt jegliche Totalperspektive aus. Die Zeit schlägt den Raum: Wo der französische Garten sich von einem statischen Gesichtspunkt aus mit einem Mal offenbart, enthüllt sich der englische Garten dem schweifenden Auge erst allmählich. In diesem Zusammenhang spricht man auch von einer Metaphysik des Zickzack. Die Wege führen an einer Reihe von überraschend neuen Ausblicken entlang oder zeigen dieselben Elemente in ständig neuen Perspektiven. Der Garten »vollendet« sich im Spaziergang.

Im Mittelpunkt steht eine Bewegung, die mehr entspannt als das Ruhen:

»Die meisten Leute werden die Art Empfindung kennen, die man hat, wenn man in einem bequemen Wagen schnell auf weichem Rasen fährt, bald allmählich ansteigend, bald leicht abfallend. Dies kann eine bessere Idee des Schönen geben und seine wahrscheinliche Ursache besser hervortreten lassen als irgend etwas anderes.«

Ähnlich wie eine Wiege und eine Schaukel ruft die Spazierfahrt durch den Garten eine Entspannung in der Anstrengung hervor.

Als Beispiel für die Dynamik des Schönen nennt Burke, neben dem englischen Garten, den Teil um Hals und Brust einer Frau: »den täuschungsvollen Irrgarten, durch den das unstete Auge schwankend fortgleitet, ohne zu wissen, wo es sich festhalten soll und wohin es verführt wird.« Gerade die Unmöglichkeit, einen Halt zu finden, ist zur eigentümlichen Verlockung des englischen Gartens geworden! Die fortwährende Spannung zwischen den Formen verleiht sogar dem Garten eine erotische Qualität. Man würde die Landschaft am liebsten zärtlich streicheln oder umarmen.

Burke beruft sich auf den Maler William Hogarth, der in *The Analysis of Beauty* (1753; deutsch: *Analyse der Schönheit*) die Konzeption der »line of beauty« entwickelt hat, eine fließende Linie, die er im Ei, in Petersilie, in der Ananas und den Möbeln von Chippendale entdeckt hatte. Diese Schlangenlinie (die auch eine Fläche oder ein Volumen umfassen kann) ist Resultat eines Kräftespiels zwischen Symmetrie und Asymmetrie. Der innere Widerstreit macht den Charme der Schönheit aus; die Idiotie überläßt etwas der Phantasie – vorausgesetzt, sie ist wohldosiert, denn ein Übermaß an Kontrast würde das Schöne ins Erhabene umschlagen lassen, das unser Vorstellungsvermögen wiederum übersteigen und zum Stupor führen würde.

Im Gegensatz zum französischen Garten, der um die zentrale Achse organisiert ist, die vom Blickpunkt auf dem Treppenpodest des Palasts in gerader Linie zum Horizont verläuft, ist der englische Garten um die »Schönheitslinie« organisiert, die sich ohne Anfang oder Ende durch die Landschaft schlängelt. Die Linie verspricht uns keine höhere Harmonie, keine Lösung aller Gegensätze in einem transzendenten Punkt, sondern eine »concordia discors«, eine Ordnung, in der die Unordnung eine positive Rolle behält. Gerade die Schlangenlinie, die Serpentine, verleiht dem Garten etwas Paradiesisches.

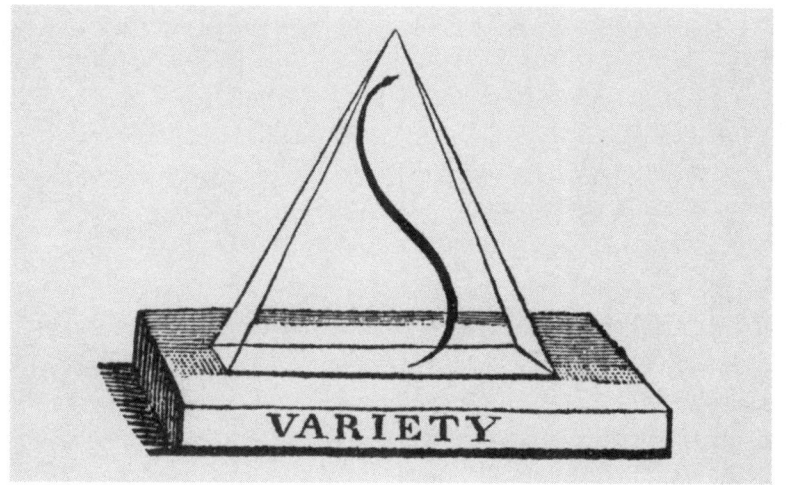

»The line of beauty«

nach William Hogarth. Der Vignette auf dem Titelblatt von *The Analysis of Beauty* (London 1753) ist ein Zitat aus Miltons *Paradise Lost* (deutsch: *Das verlorene Paradies*) beigefügt, in dem Satan, vermummt als Schlange, Eva verführt: *»So vary'd he, and of his tortuous train / Curl'd many a wanton wreath, in sight of Eve, / To lure her eye.«* (9, 516–18)

Die Metaphysik des Zickzack beruht mithin auf einem Kunstgriff, durch den die immanente Beschränkung zur Bedingung des Erfolgs des Gartens avanciert. Aus dem Erdboden erklingt ein schalkhaftes Haha: »Prata rident«, die Weiden lachen.

Moral

Ha ha

Bosse-de-Nage

Das Wort »Paradies« bedeutete im Persischen ursprünglich sowohl »Garten« (im Sinne eines Geheges, eines innerhalb der Natur eingezäunten Raumes) als auch »Verbleib der Glückseligen«. Der Mensch hat sich jahrhundertelang vergebens gemüht, beides miteinander zu kombinieren. Die Gartenkunst beinhaltet nichts anderes als eine endlose Reihe verfehlter Versuche, die Natur in einen Lustgarten zu verwandeln. In gewissem Sinne hindert jeder Garten sich selbst daran, ein Paradies zu werden. Der Garten steht dem Garten im Weg.

Lancelot Brown hat einen Ausweg aus dieser törichten Sackgasse gefunden, indem er die Natur zu ihrem eigenen Garten umfunktioniert hat. Diese leere Geste schützt vor Frustration, ohne allerdings völlige

Ha Ha Road

Foto: E. van Moerkerken

Genugtuung zu bereiten. Gerade weil er etwas zu wünschen übrigläßt, wird der Garten als natürlich empfunden. Der englische Garten gelingt im Mißlingen: Das ist der »Haha«, der unmerklich mit jeder Schönheitslinie einhergeht.

Überall dort, wo die Welt für sich zu sprechen scheint, müssen wir den Haha aufspüren, den Punkt, wo die Ordnung der Torheit, um die sie sich dreht, einen Ort zugewiesen hat.

Epilog

Im Jahre 1979 widmete das Londoner Victoria und Albert Museum der Gartenarchitektur eine Ausstellung. Vergebens suchte man unter den ausgestellten Plänen und Zeichnungen nach den Gärten Browns. Eine Tafel unterrichtete darüber, daß sein Werk:

> »eine Verirrung war, die zwar nur ein halbes Jahrhundert gewährt hat, aber die Engländer um jene Art raffinierten und blumenreichen Garten brachte, die sie doch so lieben. *Le jardin anglais* verweist auf die Zeit, als die Engländer den Kopf verloren und darangingen, ihre Gärten zu verwüsten. [...] Seine Kunst und sein Genie bestanden lediglich darin, Boden, Wasser und Bäume zu modulieren.«

Tatsächlich war es Brown nicht um einen pittoresken Inhalt zu tun. In drastischer Weise entrümpelte er alle formalen, nach italienischem, niederländischem oder französischem Modell gestalteten Gärten. Ihm war nicht an Blumen, Gartenvasen, Tempeln und anderen Frivolitäten gelegen, sondern an der großen Linie der Schönheit.

Der paradoxe Garten Browns läßt sich nicht mehr von der Natur unterscheiden. Sein Garten fällt mit dem leeren Raum zusammen, in dem normalerweise ein Garten eingerichtet wird. Der »leere« Garten beißt sich nicht nur mit anderen Gärten, sondern mit dem Genre überhaupt! In der Spezies »englischer Garten« stößt die Gattung »Garten« also auf ihr eigenes Gegenteil.

Daß in jener Ausstellung der unsichtbare Garten Browns durch Abwesenheit glänzt, ist also nicht nur Ironie. Die Ausstellung läßt keinen Raum für einen Garten, der das Genre unterwandert. Doch gleichzeitig fungiert dieser Makel der Gartenkunst als Eichmaß: Das Genre kann sich nur dadurch legitimieren, daß es sich von einem Garten, der den Garten negiert, absetzt!

V Die Dummköpfe
in der Hölle

Die Hölle der Toren

Nach Lukrez (*De rerum natura* III, 978–1023) sollten wir die Strafen in der Unterwelt allegorisch interpretieren: »Nun erst die Fabelgestalten, die da in des Acheron Tiefen / Hausen! Du findest natürlich sie alle in unserem Leben.«

Tantalus, der sich vor dem Felsbrocken fürchtet, der über seinem Kopf schwebt (während er nach Speis und Trank lechzt), verkörpert den Menschen, den die unbegründete Angst vor den Göttern und den Schlägen des Schicksals quält. Tityos, an dessen Leber bis in alle Ewigkeit zwei Geier picken, steht für diejenigen, die von Begierde verzehrt, von Eifersucht zerrissen und von Angst zerfressen werden. Die vergeblichen Versuche des Sisyphos, einen Stein einen Berghang hinaufzurollen, illustrieren die eitlen Versuche, Herrschaft über das Volk zu erlangen. Die Danaiden, die ein bodenloses Faß mit Wasser füllen, personifizieren die unstillbare Genußsucht.

Lukrez situiert die Hölle nicht im Jenseits, sondern im irdischen Dasein. Angst ist die Strafe für unser blindes Begehren: »Aber im Leben schon folgt auf gräßliche Taten des Frevels / Gräßliche Angst vor den Strafen.« Wir fürchten uns vor Buße, Gefängnis oder Marter, und im anderen Fall drohen uns Reue, Schuldgefühle oder Gewissensbisse. Die Strafe wächst noch durch die Angst, das Leiden sei sinnlos und würde sich nach dem Tod verschlimmern. »So wird schließlich schon hier zur Hölle das Leben der Toren.«

Lukrez schweigt sich jedoch aus über den heimlichen Genuß, der in den endlosen, vergeblichen Versuchen, unsere Begierde zu stillen, verborgen liegt – ein Wohlbehagen am Unbehagen. Doch diese Glückseligkeit ist nur den Armen im Geist vorbehalten. Die Erkenntnis, daß unser Trachten hoffnungslos ist, daß wir trachten um des Trachtens willen, macht diese Existenz zur Hölle.

Ataraxie

Es gibt keine Hölle außer der Angst, die im übrigen unlöslich mit unserer Existenz verknüpft ist. Angst vergällt uns die Freude, hält aber auch die Welt am Laufen. Aus Angst vor dem Tod stürzen wir uns ins Leben. Todesangst stachelt die blinde, unstillbare Begierde nach Sex, Macht und Ruhm an; was andererseits Ängste vor Strafe, Schmerz und … dem Tod wachruft. Das ist der Teufelskreis, in dem wir gefangen sind. Die Spannung zwischen Todesangst und Lebenslust bildet die existentielle Hölle. Die Angst vor dem Tod führt letzlich zum Haß auf das Leben.

Der einzige Ausweg aus diesem Inferno ist die Ataraxie, ein sorgen- und angstfreier Zustand. Der Epikureer strebt danach, sich von seinen Wahnbildern zu lösen, indem er zurückgezogen lebt und leidenschaftlich seine Leidenschaften zügelt. Auch dieser Versuch, sich mit der Existenz zu versöhnen, hat etwas Selbstdestruktives an sich. Die Ataraxie ist im Extremfall eine Art Tod bei lebendigem Leibe, eine Variante der ultimativen Dummheit: des Verstummens aus Angst, sich eine Dummheit zuschulden kommen zu lassen. Aus Angst vor dem Leben verlangt der Epikureer insgeheim nach dem Tod.

Lukrez beging im Alter von fünfundvierzig Jahren Selbstmord.

Die böotische Hölle

Zwischen der Dummheit der Schildbürgerstreiche und den Strafen in der griechischen Unterwelt gibt es bemerkenswerte Parallelen:

– Die dummen Bürger schöpfen Wasser mit einem Sieb. Die Danaiden!
– Die Bürger schleppen die nach unten getragenen Baumstämme wieder den Berg hoch, um sie anschließend hinunterrollen zu lassen, da sich dies als leichter erweist. Sisyphos!

Der Transport
des Mühlsteins

Holzschnitt aus dem
Schiltbürgerbuch, 1680

- Auf ihrer Suche nach der »Herberge auf der anderen Seite« überque-
  ren die Schildbürger immerfort die Straße. Tantalus!
- Damit er den Mühlstein nicht verliert, steckt der Bürger seinen Kopf
  durch das Loch, bevor er den Stein den Berg hinunterrollt. Die Szene
  erinnert an das Schicksal Ixions, der an ein feuriges Rad gebunden
  wurde, das sich unablässig dreht.
- Die Bürger stemmen sich auf hoher See gegen den Mast, um ihr
  Schiff fortzubewegen. Herkules, der im Tartaros auf ewig mit ge-
  spanntem Bogen umhergeht!

Die Böotiana stellen keine peinliche Karikatur der Menschenwelt dar,
sondern veranschaulichen die Hölle, die im Alltag selbst verborgen liegt:
Unsere törichten, mechanischen Handlungen führen im Nebeneffekt
zur Ordnung, vorausgesetzt, wir sehen deren Irrsinn nicht ein, sondern
sind überzeugt, wir arbeiteten auf ein Ziel hin.

Die böotische Hölle offenbart sich denen, die einen »Blick für die
Dummheit« entwickeln, dieses nach Flaubert »schreckliche Talent«, das
jedweder Lebensfreude ein Ende setzt.

Das Höllentor

Lasciate ogni speranza, voi ch'entrate.

Dante, *Inferno*

Zeus hatte der Menschheit ein versiegeltes Gefäß geschenkt, in dem alles Gute versammelt war. Von seiner Neugier getrieben, öffnete der Mensch das Gefäß, woraufhin alles Gute entwich und zurück in den Himmel stieb. Nur die Hoffnung blieb zurück. (Babrios, *Äsopische Fabeln*)

In einer rätselhaften Variante rächt sich Zeus für den Diebstahl des Feuers am Menschen, indem er Epimetheus die Pandora als Geschenk schickte, die »allseits begabte« Frau, die von den Göttern nicht nur mit allerlei hübschen und trügerischen Eigenschaften, sondern auch mit einem Gefäß voller Unheil bedacht worden war. Von Epimetheus (»der das Nachsehen hat«) ermuntert, öffnete sie das Gefäß, wodurch sich alle möglichen Plagen und Übel über die Welt verbreiteten – nur die Hoffnung blieb zurück. (Hesiod, *Werke und Tage*) Oder, anders betrachtet: Pandora nahm den Menschen jedwede Hoffnung, so daß das menschliche Dasein zur Hölle wurde.

Wir finden die Entzauberung auch im Mythos vom Sündenfall. Indem sie von der verbotenen Frucht essen, bekommen Adam und Eva die Fähigkeit, zwischen Gut und Böse zu unterscheiden. Ihre unbedachte Tat führte zu der Einsicht, durch die sie ihre Tat im nachhinein als töricht stempeln konnten. Und auch ihre Sterblichkeit wurde erst mit der Erkenntnis besiegelt. Kurzum, der Erwerb des Intellekts war eine Sünde,

Epimetheus und Pandora öffnen das Gefäß

von John Flaxman

die mit einer fatalen Erschütterung einherging. Das Paradies wird nie wieder auf Erden Einzug halten. Unsere fruchtlosen Versuche, die Harmonie wiederherzustellen, machen unsere Existenz zur einer böotischen Posse.

Andererseits ist unsere Kultur nichts als das Produkt der vergeblichen Versuche, das Paradies wiederzugewinnen. Besser noch: Der strukturelle Mangel ist eine zusätzliche Attraktion des irdischen Daseins – das Glück liegt im Verlangen, nicht in der Erfüllung … Doch dies funktioniert nur wider besseres Wissen.

Der Umschlag wird von Dantes Höllentor symbolisiert. Über dem Tor steht in dunklen Lettern geschrieben: »Laßt jede Hoffnung, die ihr mich durchschreitet.« Dieser Imperativ läßt sich als Rätsel interpretieren: Die Welt, ohne Hoffnung besehen, wird zur Hölle. Das Tor steht frei im Wald, wie ein Triumphbogen, der ebensowenig Zugang zu einem anderen Raum bietet. Das freistehende Tor markiert einen Perspektivenwechsel von Hoffnung zu Furcht. Furcht führt zur Hölle; wir sterben vor Angst. Auf der anderen Seite des Tores müßte dann zu lesen sein: »Es lebt der Mensch, so lang er hofft.« Die Hoffnung eröffnet Perspektiven, gibt unseren banalen, böotischen Handlungen den Anschein von Tiefe.

Der Kunstgriff läßt sich auch anhand des *Höllentors* veranschaulichen, eines monumentalen Bronzeportals, das Auguste Rodin als Pforte für das Musée des Arts Décoratifs in Paris entworfen hat. Von oben betrachtete *Der Denker* (auch *Der Dichter* oder *Vergil* genannt) in der Pose des Melancholikers die Leiden der verdammten Menschheit. Nun könnte man darin einen satirischen Protest Rodins vermuten, der ein erklärter Anhänger der reinen Kunst war: Durch das Höllentor betreten Sie das Museum dekorativer Künste, lassen Sie alle Hoffnung fahren. Die Anklage ist aber in Form einer Pforte gestaltet und als solche auch ein Musterbeispiel angewandter Kunst. Der Witz besteht darin, daß die Hölle nicht hinter dem Tor liegt, sondern auf dem Tor abgebildet ist. Die Hölle steckt im Tor selbst; das Museum ist nie erbaut worden.

Das Höllentor

Aus: *Auguste Rodin,*
Utrecht 1939

Die ultimative Anamorphose

The Mind is its own place, and in it self
Can make a heaven of hell, a hell of heaven.

John Milton, *Paradise Lost* (1667)

Triumphbögen scheinen einen Rückblick auf eine glorreiche militärische Vergangenheit zu gewähren, doch im Grunde sind sie unsinnige Monumente, die die traumatischen Greuel des Krieges rückwirkend in einen sinnvollen Zusammenhang zu stellen versuchen, wie auch der Arc de Triomphe in Paris belegt. Den Veteranen des Großen Krieges zufolge würde dieser kolossale Steinklumpen den französischen Geist verkörpern. Mit dem »Blick für die Dummheit« jedoch sehen wir nichts als abgeschmackte Allegorien, Napoleon als Römer verkleidet, graue Grabplatten mit den Namen von Offizieren, Glorifizierungen der Schlachten in unbedeutenden Orten wie Ulm, Austerlitz und Jena, einen blutleeren Unbekannten Soldaten sowie ein ewiges Feuerchen. Der Triumphbogen steht wie ein toter Buchstabe inmitten des gleichgültig kreisenden Verkehrs. Das Tor umrahmt seine eigene Hohlheit. Es ist ein Denkmal für die Torheit all jener Kunstgriffe, die die Nation zusammenhalten.

Mit dem »Blick des Intellekts« betrachtet, steht der Triumphbogen dagegen für das menschliche Vermögen, mittels Illusionen immer wieder Mut zu fassen. Der nichtige Unterschied ist ein Unterschied ums Ganze. Je nach Perspektive ist es ein Denkmal für die Eitelkeit der Hoffnung oder ein Siegestor für die Eitelkeit, die die Hoffnung am Leben hält.

Noch klarer wird dies an der unweit des Arc de Triomphe errichteten Grande Arche. Dieser Triumphbogen ist nicht mit Darstellungen der glorreichen Momente aus der Vergangenheit ausstaffiert, sondern verfügt über Spiegelfassaden, die die dynamische Aktualität reflektieren. Hier handelt es sich um die ultimative Sinnestäuschung: Einerseits ist dies ein Denkmal für die Eitelkeit des Daseins, andererseits sehen wir die Welt durch diesen Bogen hindurch als ihren eigenen Triumph.

Das Geisterhaus

Dante, begleitet von Vergil, ist im Begriff, in die Hölle einzutreten. Nachdem er die Inschrift auf dem Tor gelesen hat: »Laßt alle Hoffnung fahren« *(Lasciate ogni speranza)*, mahnt Vergil ihn, alle Furcht fahrenzulassen *(lasciare ogni sospetto)*. Genaugenommen ist das Leben ohne Hoffnung die Hölle, doch die Hölle ohne Furcht verkommt zur Jahrmarktsattraktion. Dante ist ein Katastrophentourist, sein Besuch hat etwas Perverses an sich. Nicht, daß Dante sich an all dem Elend ergötzte. Er teilt nicht die Ansicht Tertullians, daß der Blick auf das Leiden der Sünder in der Hölle der Lohn der Tugendhaften sei. Schadenfreude ist Dante fremd. Ebensowenig schließt er sich der Auffassung Thomas von Aquins an, der sich über die Existenz der Hölle freut, da »die Strafe Liebe ist, so sie denn gerecht ist« – ein Text, der manchmal herangezogen wird, um eine andere kryptische Inschrift über dem Höllentor zu erklären:

> »Mich schuf die Kraft, die sich durch alles breitet,
> Die erste Liebe und das höchste Wissen.«

Dante ist aufrichtig betroffen vom Leiden der Verdammten. Er weint über die Szenen, deren er gewahr wird, aber gleichzeitig kann er die Augen nicht abwenden. Seine Schaulust ist mehr als bloßes Ergötzen. Er findet Wohlbehagen am Unbehagen. Er ist fasziniert, nicht weil die Hölle so exotisch wäre, sondern gerade weil sie ihn insgeheim an die Verrücktheit erinnert, die die Grundlage der Gesellschaft bildet, in der er lebt. Die Strafen spiegeln den grausamen Kampf ums Dasein. Er fühlt sich geborgen im Kontrast zu dem Elend, das ihm die Instabilität seiner komfortablen Existenz handgreiflich vor Augen führt.

Die Hölle ist keine Stadt der Schmerzen innerhalb eines ansonsten harmonischen Gemeinwesens. Im Gegenteil, die Zivilisation ist ein Luftschloß, ein fiktiver Lustgarten innerhalb der Hölle des Alltags. Aber die Enthüllung, daß die Hölle nicht existiert, daß es keinen Unterschied zwischen ihm und den Unseligen um ihn herum gibt, würde dem süßsauren Gruseln ein Ende bereiten und zum Stupor führen.

Dies läßt auch eine andere Lesart der Torinschrift zu: Die Fiktion der Hölle ist eine Art, uns mit dem Alltag zu versöhnen, und als solche ein Beweis höchster Weisheit und Liebe.

So versteht sich auch, weshalb *Inferno* der beliebteste Teil der *Divina Commedia* ist. So wie Dante von Vergil wird der Leser von Dante auf eine Fahrt durch die Hölle mitgenommen. Vergil geht »mit heit'rem Blick« hinein.

Das Gut der Erkenntnis

Jenseits des Höllentors trifft Dante die Menschen, die »il ben dell' intelletto« verloren haben, das göttliche Gut der Erkenntnis. Im religiösen Sinne handelt es sich dabei um die Fähigkeit, Gottes ansichtig zu werden, im philosophischen (aristotelischen) Sinne um die Intuition des Wahren.

Im Paradies wird der Intellekt nicht gebraucht, da jede Tat von Natur her jenseits von Gut und Böse ist, doch außerhalb ist er unverzichtbar: Die Vernunft, *nous*, stiftet die Einheit unseres Weltbildes, rückt alles in eine Perspektive im Hinblick auf das höchste Gut, das summum bonum.

In der Hölle begegnen wir denjenigen, die dieses Gut aus freiem Willen verleugnet haben und dafür mit den schrecklichsten Martern gestraft werden. Auch dies läßt sich anders lesen: Dem, der seine Vernunft einbüßt, wird die Welt zur Hölle.

Dante

von Domenico di Micchelino

Im Bild links: das Höllentor und die Jammerseelen

Neben diesen schillernden Sündern, die ihr gottgegebenes Gut vergeudet haben, indem sie sich für das Böse entschieden, gibt es die Lahmen, die gegen ihren Intellekt gesündigt haben, indem sie sich gar nicht entscheiden wollten. Sie bilden die törichte Schar, die Dante als erstes sieht, nachdem er das Höllentor durchschritten hat.

Die Vorhölle

In Begleitung von Vergil betritt Dante die Hölle. Im Vorhof, noch vor dem Acheron und dem Limbus, in einer düsteren Ebene unter sternenlosem Himmel, läuft eine riesige Schar konfus einer herumschwirrenden Fahne hinterher, nachgestellt von Schmeißfliegen und Wespen. Der Tumult der wehklagenden Jammerseelen hört sich an wie ein Sandsturm.

Die Schar wird von den namenlosen Schatten gebildet, den Unbedeutenden ohne Ruhm und Tadel, die keinen Namen verdient haben. Die Lahmen, die Abtrünnigen und Händewäscher haben gesündigt, indem sie sich nicht entschieden haben – nicht einmal für die Entscheidung. Sie waren weder gut noch böse. Unter ihnen finden wir auch eine Gruppe gefallener Engel, die weder gegen Gott rebellierte noch ihm treu blieb, sondern sich abseits hielt, nur um sich bekümmert.

Die sternenlose Nacht steht für die Unmöglichkeit, sich zu orientieren. Die dahineilende Fahne ist ein Symbol für den schwankenden Geist der Unentschlossenen. Der Vergleich mit »vom Wirbelwind erfaßtem Sand« deutet auf ihre große Zahl, ihre Sterilität und Eitelkeit. Die Schmeißfliegen und Wespen repräsentieren die nutzlose Betriebsamkeit.

Die Unseligen, »die zum Leben nie erweckt«, werden von Himmel und Hölle gleichermaßen zurückgewiesen. Sie sperren sich der Klassifikation von Sünden und Tugenden. Sie sind atopisch, abseitig. Ihre Exzentrizität liegt jedoch nicht in ihrer Außergewöhnlichkeit, sondern gerade in ihrer monströsen Grauheit. Sie haben weder Namen noch Ort verdient. Die Sünder können sich ihnen gegenüber noch ihres Lebenswandels brüsten!

Die lebenden Toten sind dazu verdammt, in aller Ewigkeit rastlos zwischen der Welt und dem Jenseits umherzuirren. Ihr blindes Leben ist derart verachtenswert, daß sie sogar die Gefolterten in der Hölle um ihr

Schicksal beneiden, da diese wenigstens ihren Ort und ihre Strafe kennen. Sie nämlich wissen, woran sie sind, die Strafe widerspiegelt ihre Sünde. Das Nichtwissen nährt die Angst der Lahmen; das ist die Folter, die denen zuteil wird, die von nichts wissen wollten. Den Christen war das Böse die Quelle allen Elends in der Welt, doch indem er den »lebenden Toten« einen Platz einräumt, kommt Dante zugleich der Auffassung der Griechen entgegen, nach der das Böse aus Dummheit und Unwissenheit hervorgeht.

Vergil ermahnt Dante, weiterzugehen. Die Toren zu beobachten sei bereits zuviel der Ehre. »Von ihrem Namen ließ die Welt nichts über.«

Der Schandfleck

Those who have crossed
With direct eyes, to death's other Kingdom
Remember us – if at all – not as lost
Violent souls, but only
As the hollow men
The stuffed men.

T. S. Eliot, *The Hollow Men*

Nicht die Sünder, sondern die »lebenden Toten« sind der Schandfleck der Schöpfung. Ihre »Sünde« (die nicht näher benannt wird) ist die Torheit, das Sichdummstellen, der passive »Wille« zur Dummheit. Die hohlen Menschen lassen sich vom Leben treiben. Man denke an Konformisten, Wechselwähler, die schweigende Mehrheit, die Herde, die gedankenlos dem Wahn des Tages folgt, Opportunisten, die ihr Fähnchen nach dem Wind hängen, Menschen ohne Standpunkt, Gleichgültige und Duckmäuser, die sich aus allem heraushalten, ehe sie den anderen hinterherrennen. Sie haben keinen Namen verdient, deshalb ist Niemandsland ihr Bestimmungsort.

Der wirkliche Grund jedoch, wieso sie zur Vergessenheit verurteilt sind, besteht darin, daß durch sie die Torheit der Schöpfung offenbar wird. Gerade dieses böotische Verhalten der Masse bestimmt letztlich, was als gut und als böse durchgeht! Die Toren demonstrieren die verborgene Wahrheit der Ordnung, den Umstand, daß die Einteilung in Schafe und Böcke kontingent ist und nicht etwa auf einer bewußten Wahl beruht, sondern auf dem willfährigen Befolgen von Regeln und Gesetzen.

Da diese Einsicht sich fatal auf den Glauben und das auf ihm basierende System auswirken würde, drehen wir den Spieß um: Wir tun so, als störten die Toren die Ordnung, indem sie sich nicht entscheiden. Derart wird das Böotische dieser Ordnung seinerseits zu einem zusätzlichen Anreiz, zu einem ethischen Ansporn zu wählen, zu denken, von unserem freien Willen Gebrauch zu machen. Indem wir uns von den Toren abheben, kommt unserer Wahl erst Bedeutung zu. Im Vergleich zu den feigen Mitläufern haftet dem Sünder noch etwas Heroisches an. So verwandelt sich die Torheit der Schöpfung in einen Prüfstein prinzipientreuen Handelns, sei es moralisch oder amoralisch.

Der Schwanz Luzifers bildet den Mittelpunkt der Hölle, doch die an ihren Rändern umherirrende Schar von Toren rührt an den Kern der gesamten Schöpfung. Die lebenden Toten sind deshalb so faszinierend, weil sie uns an die Hohlheit erinnern, an die böotische Hölle, die sich im Herzen unserer Ordnung verbirgt. Kein Wunder, daß Vergil bei ihrem Anblick unruhig wird und uns mahnt, ihnen keine Beachtung zu schenken.

Das Narrenparadies

They know not nor will understand
In darkness they walk on,
The earth's foundations all are moved
And out of order gone.

Psalm 82 (Übersetzung John Milton)

Auf seiner Fahrt durch das Chaos nach Eden landet Satan in der äußeren Sphäre des soeben geschaffenen Universums, um sich auf seine zukünftige Aufgabe zu besinnen: die Bewerkstelligung des Sündenfalls. Zu seinen Füßen liegt das Primum mobile, die dunkle Kruste, die alle Sterne und Planeten beherbergt. Als Satan über dieses »windige Meer von Land«

hinausblickt, hat er eine bemerkenswerte Zukunftsvision: Er sieht eine riesige, schwebende Menschenmenge, darunter Mönche und Priester inmitten ihrer Reliquien, Ablässe und Rosenkränze; Eremiten und Pilger, die Gott auf Erden suchten; die Erbauer Babels, die einen Turm in den Himmel errichteten; Empedokles, der nach der Unsterblichkeit griff und sich zwecks Seelenwanderung in den Krater des Ätna stürzte; Cleombrotus, der sich ins Meer warf, um des Platonischen Elysiums teilhaftig zu werden.

Es handelt sich um naive Menschen, die sich vergeblich mühten, auf Erden ihren Platz im Jenseits zu sichern. Entlohnt wurden sie gemäß der Müßigkeit ihrer Taten. Wie Luftblasen stoben sie von der Erde auf, an den sieben Planeten vorbei, durch die Sphäre der Fixsterne und die kristallne, um schließlich auf dem Erstbewegten zu landen.

Ein Lichtschimmer aus Elysium hält ihre Hoffnung auf das ewige Heil wach, aber als sie die ersten Stufen, die zum Himmlischen Jerusalem hinaufführen, betreten, werden sie von Sturmböen erfaßt und fortgetrieben zu einem großen, weiten Limbus, auch *Narrenparadies* genannt.

Da ihre irdischen Handlungen nicht so sehr von Schlechtigkeit, vielmehr aber von kindischer Eitelkeit und Anmaßung zeugten, sind sie nicht zur Hölle verdammt, sondern ist ihnen ein Platz im Limbus zugewiesen, seit jeher Bestimmungsort ahnungsloser Seelen. Er wird Paradies genannt, weil seine Bewohner es nicht besser wissen; die Armen im Geiste begreifen nicht, daß ihre Existenz »in der Luft hängt« und wähnen sich auf dem Weg ins Reich Gottes.

Diese erstaunliche Geschichte stammt aus John Miltons *Paradise Lost* (3, 418–496; deutsch: *Das verlorene Paradies*, Stuttgart 1968, 3, 576–671). Die Zeitkritik an den Papisten, der groteske Stil, der unvollständige Charakter und die merkwürdige, gesonderte Stellung dieser Satire innerhalb des ansonsten so ernsthaften Werkes standen dermaßen im Widerspruch zu dem straff und harmonisch konstruierten Epos, daß manche Kritiker hier gar den deplazierten Beitrag eines anderen Autors witterten.

Aus welcher Perspektive offenbart sich aber die Bedeutung dieses Makels, der Miltons Werk anhaftet?

Der Plafond der Dummheit

Während seiner Italienreise im Jahr 1638 hat Milton die Apotheosedecke besichtigt. Im Palazzo Barberini legte Pietro da Cortona damals letzte Hand an das Deckengemälde, auf dem die Göttliche Vorsehung Papst Urban VIII. und seinem Geschlecht ewigen Ruhm und Unsterblichkeit verleiht.

In England hat Milton Rubens' *Triumph Königs James I. und der Monarchie der Stuarts* gesehen, als er als Sekretär des neugebildeten Staatsrats ein Zimmer in Whitehall bezog, kurz nach der Enthauptung Charles' I. …

In einer wirbelnden Darstellung »di sotto in su« sehen wir, wie die Fürsten von Kirche und Staat von Engeln in den Himmel gehoben werden, umringt von Symbolen ihrer weltlichen Macht sowie allegorischen Figuren, die ihre Tugenden wie Gottesfurcht, Gerechtigkeit und Staatskunst vorstellen. Am Bildrand sind die Ketzer als Giganten porträtiert, die von Minerva, Sinnbild der Weisheit, aus der Komposition vertrieben werden.

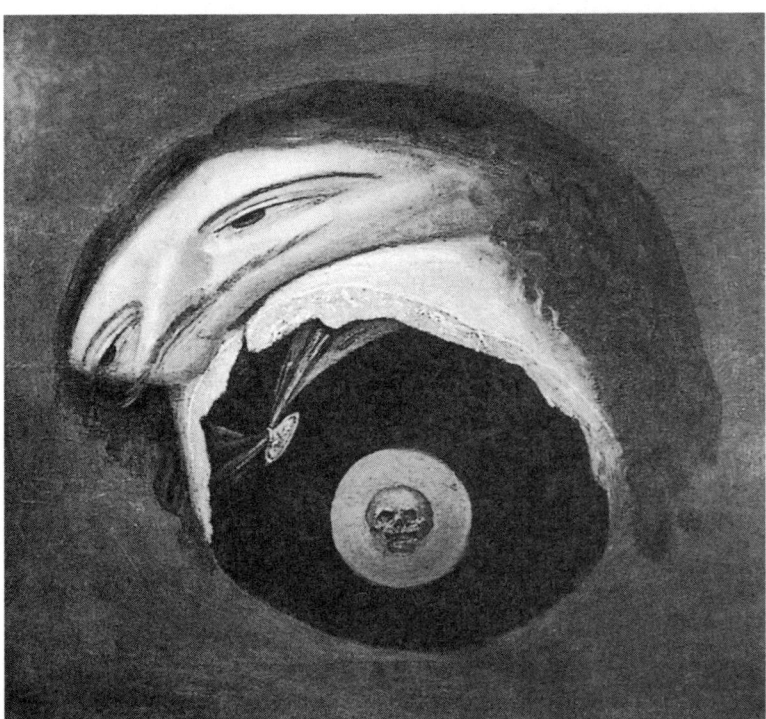

**Anamorphose
von Charles I.**

Englische Schule (1660)

**Minerva vertreibt
die Giganten**

Ausschnitt aus dem
*Triumph der göttlichen
Vorsehung* von Pietro
da Cortona (1638)

Mindestens ebenso wichtig ist die suggestive Art, mit der die Herrscher in den Himmel gehoben werden. Die Quadraturmalerei macht die Himmelfahrt nicht nur sichtbar, sondern vermag dieses metaphysische Ereignis auch plastisch vor Augen zu führen. Der Blick des Betrachters wird durch die perspektivische Darstellung in die Freiheit des unendlichen Raums hineingezogen. Sehen ist Glauben. Wir vergessen, daß wir es mit einer Decke zu tun haben, deren Existenz gleichwohl die Bedingung ist für die Illusion der Unbegrenztheit. Die Ästhetik des »stupore« erlöst uns von unseren irdischen Beschränkungen und gewährt uns einen Vorgeschmack der himmlischen Seligkeit.

Häufig ist auf dem Fußboden ein Punkt markiert, von wo aus die Szene Tiefe und Sinn gewinnt. Sobald wir uns vom angegebenen Fleck entfernen, nimmt die Vorstellung freilich eine unerwartete Wendung: Alle Vertikalen erweisen sich als Horizontalen. Begriffe wie »oben« und »unten«, wie »hinten« und »vorne« verlieren ihre Bedeutung. Nicht nur scheint die vorgespiegelte Ordnung zusammenzubrechen, der Schwindel läßt den Betrachter an den Fundamenten der Welt jenseits dieser Perspektive zweifeln. Wir laufen Gefahr, das Gleichgewicht zu verlieren – die damit einhergehende Verblüffung vermittelt einen Eindruck vom Jüngsten Tag.

Die meist jesuitischen Gestalter betrachteten diese Methode als eine Lektion für diejenigen, die in ihrem Glauben nicht die richtige Position einnahmen. Zudem deutete der zentrale Punkt metaphorisch auf den Absolutismus und auf die Unfehlbarkeit des Papstes.

Als Republikaner und Puritaner weist Milton diese Standpunkte zurück. Er tut einen Schritt zur Seite und enthüllt so das Törichte dieses Dreh- und Angelpunkts der Illusion. »Töricht« deshalb, weil sich deren Torheit nicht ausmachen läßt, ohne daß man sich außerhalb der Ordnung bewegt; der Punkt verdankt seine Weisheit rückwirkend dem System, das auf ihm gründet. Milton löst sich von dieser faszinierenden Sinnestäuschung. Der schiefe Blick beraubt die aufgeblasenen Streber jedweder Perspektive. Die Harmonie verkehrt sich in eine Posse. Die erhabenen Figuren geraten ins Taumeln, als ob

>>ein heftiger Seitenwind
Sie überzwerch in schiefe Luft hinaus
Zehntausend Klafter in die Abtrift bläst.<<

So betrachtet ist die Apotheosedecke eine Illustration des Narrenparadieses. Die Darstellung verewigt ihren Sturz.

Der Wille zur Dummheit

Der blinde Milton hat sich der Stupore-Technik bedient, um die Stupidität zu schildern. Aus dem richtigen Blickwinkel betrachtet, erweist sich die scheinbar ungereimte Passage aus dem dritten Buch von *Paradise Lost* (in dem das Thema des freien Willens und der Vorherbestimmung im Mittelpunkt steht) als Anamorphose der Apotheosedecke, dieses Symbols der Selbstüberhebung: der Ursünde, dessentwegen Satan aus dem Himmel und Adam und Eva aus dem Paradies verstoßen wurden.

Milton bestritt die Vorstellung, daß ein Mensch sich durch sein Handeln eines Platzes im Jenseits bemächtigen könnte. Seiner Ansicht nach war dies allein eine Frage göttlicher Gnade. Indem er der Torheit einen Platz in seinem Werk einräumt, erinnert der Dichter an die Grenzen der menschlichen Erkenntnis und deutet auf den unbestimmten Raum, in dem unsere hypothetischen Konstruktionen schweben – sein eigenes visionäres Epos eingeschlossen.

Die Triumphe des Intellekts beruhen auf einer Torheit, die nur solange ihre Wirkung ausübt, wie sie nicht gesehen wird. Esse est non percipi. Wenn wir nicht den Boden unter den Füßen verlieren wollen,

**Triumph des hl. Ignatius
von Loyola**

von Andrea Pozzo (1694)

müssen wir uns dumm stellen gegenüber der Dummheit im Herzen all
jener Systeme, die Weisheit verheißen.

Milton gebrach es an diesem Willen zur Dummheit.

Afrika

Ausschnitt aus *Triumph des hl. Ignatius von Loyola* von Andrea Pozzo (1694)

Anhang: Die Apotheose einer Mücke

Im rosaroten Osten hatte Aurora die purpurne Tür ihrer rosenüberladenen Säle aufgestoßen. Vom Morgenstern verscheucht, flohen die Sterne, und der prunkvolle Sonnenwagen Phaetons glitt am Horizont empor. Zu guter Letzt war der Tag meines Triumphes gekommen. Die gleichermaßen gigantische Idolatrie und Unwissenheit stürzten sich in die Finsternis, gefolgt von den Schlangen des Lasters, als ich von sieben Engeln ins Licht emporgehoben wurde. Zu meiner Linken und zur Rechten erschienen die vier Erdteile in ihrer ganzen Herrlichkeit. Die schwarze Afrika, auf ihrem Krokodil thronend, einen Elefantenzahn in der Hand, die bunt gefederte Amerika auf ihrem Jaguar, Asien, mit Früchten und Perlen geschmückt, auf ihrem Kamel und die gekrönte Europa zu Pferd schütteten das Füllhorn über mich aus. Mächtige Flügel hoben mich in den unendlichen Himmel. Begleitet von den süßen Klängen der Zephire mit ihrer Schalmei, ihrer Harfe und ihren Becken, stieg ich durch goldumrandete Wolken empor, umringt von rotbackigen Putten, die mein Zepter und meine güldene Krone auf einem karminroten Kissen trugen. Kronos enthüllte die jungfräulichen Wappenschilder meiner erlauchten Vorfahren. Mars reichte mir den Siegerlorbeer, Arachne und die sieben freien Künste erwiesen mir Ehre, Fama kündete auf ihrer Posaune von meinem Ruhm.

Just sollte ich des Heiligen Gottes in vollem Glanz ansichtig werden, als Ihr mein Auge traft. O geflügelter Zorn, wackere Rache, listenreich fandet Ihr durch das Labyrinth aus finsteren Falten des hauchfeinen Vorhanges meiner königlichen Lagerstatt, um mich aus meinem hochmütigen Traum zu erwecken. Halb geblendet will ich mich nach Eurem monotonen Gesang orientieren, um Euch für Eure Wohltat zu danken. Euch, die Ihr mich mit beiden Füßen auf den schlammigen Boden gestellt, will ich in den Himmel erheben. Seid gesegnet, parvulus umoris alumnus, die Ihr Euch, gesättigt von meinem adligen Blut, auf dem flachen Himmel des Bettes zur Ruhe begeben habt. Laßt meine Seidenlatschen Euch den Weg zu Eurem Schöpfer zeigen. Lebt wohl.

(Aus: Lorenzo Morales, *Morosofía*, Lepe 1692. Aus dem Spanischen von Liesbeth Wiewel und Karin Sakowski)

VI Die Genealogie
der Trottel

In einem spanischen Handbuch von 1585, der *Philosofía Secreta de la
Gentilidad*, unternahm der seinerzeit vor allem als Mathematiker bekannte Juan Pérez de Moya (1513–1596) den Versuch, die Erzählungen
der antiken Mythologie in einen christlich-moralistischen Deutungs-
rahmen zu stellen. Capítulo XLII aus dem zweiten Band (eingereiht
zwischen einem Kapitel über Priapos, den Gott der Fruchtbarkeit, und
einem über Momos, den Gott des Spotts) fällt ins Auge, da das Kapitel
als einziges nicht vom Triumph und Unheil der Götter oder Halbgötter
handelt, sondern sich dem Schicksal der Trottel widmet, wie bereits der
Titel andeutet: *De la descendencia de los Modorros.* (»Modorra« bedeutet
Betäubung, Duseligkeit.) Ich werde die Übersetzung des vollständigen
Textes voranstellen, um ihn sodann zu erläutern.

Über die Herkunft
der Trottel

Es heißt, daß die Verlorene Zeit die
Unwissenheit heiratete. Sie bekamen
einen Sohn, mit Namen Ich dachte
nicht.

 Dieser heiratete die Jugend. Sie
bekamen vier Kinder: Ich wußte
nicht, Ich dachte nicht, Es ist mir entgangen und Wer hätte das gedacht.

Wer hätte das gedacht heiratete
die Unachtsamkeit, und sie bekamen
die Kinder: Schon gut, Hat Zeit bis
morgen, Hat keine Eile, Das wird
schon.

 Hat keine Eile heiratete die edle
Dame Ich dachte nicht. Sie bekamen
die Kinder: Ich habe mir nichts dabei

gedacht, Ich weiß, wovon ich rede, Ich laß mich nicht für dumm verkaufen, Mach dir mal keine Sorgen, Das übernehme ich.

Ich weiß, wovon ich rede heiratete die Eitelkeit, und sie bekamen folgende Kinder: Entweder oder, Ich kriege schon noch, was ich will, Ich fordere Respekt, Es wird dir an nichts fehlen.

Es wird dir an nichts fehlen heiratete Ich fordere Respekt. Sie bekamen die Kinder: Es wird schon werden und Verhängnis.

Letzteres heiratete Kleines Hirn, und sie bekamen die Kinder: Eine schöne Bescherung, Was geht ihn das an, Mir scheint, Man stirbt nur einmal, Ich kriege schon noch, was ich will, Die Zukunft wird's lehren, Auf Biegen und Brechen, Verschont mich mit Euren Ratschlägen, Laß die Leute doch reden, Keinen blassen Schimmer, Koste es, was es wolle, Was kümmert's mich, Wir werden schon nicht verhungern, Ist doch kein Beinbruch.

Ich fordere Respekt war verwitwet und ging eine zweite Ehe ein, und zwar mit der Dummheit. Als das Erbe restlos durchgebracht war, sagten sie sich: »Hab Geduld, wir werden ein Darlehen aufnehmen, damit wir dieses Jahr ein angenehmes Leben führen, und nächstes Jahr wird Gott es richten.« Dazu geraten von Es wird dir an nichts fehlen taten sie dies. Als sie nach Verstreichen der Zahlungsfrist kein Geld hatten, die Zinsen zu begleichen, brachte sie der Wahn ins Gefängnis. Gott vergibt den Seinen stattete ihnen einen Besuch ab. Die Armut führte sie ins Krankenhaus, wo schließlich die Macht des Ich fordere Respekt und des Es war mir entgangen erlosch. Man legte sie ins Grab zu ihrer Urgroßmutter, der Dummheit. Sie hinterließen, zerstreut in aller Welt, viele Kinder und Enkelkinder.

Diese Geschichte erklärt uns, woher die Unachtsamen, die Trottel und die Unbesonnenen stammen, die auf keinen Rat hören, die ihren Wahnvorstellungen aufsitzen, die in den Tag hineinleben, ohne daß sie ihr Los und die Dinge, die da kommen werden, kümmerte.

Die Macht der Palliative

In der Druckgraphik der Renaissance war es im Schwange, Eigenschaften wie Schönheit, Gutherzigkeit, Laster oder Gefräßigkeit als Frauengestalten darzustellen, meist inmitten einer Landschaft voller Objekte, die symbolisch auf die personifizierte Tugend oder Sünde verweisen. So wird die Dummheit mitunter als lachende Frau dargestellt, die einen Hut aus Blei auf dem Kopf trägt (ein Hinweis auf *plumbeum ingenium*, d.h. ein bleierner Verstand) und eine kleine Mühle in der Hand hält, Sinnbild für endlos kreisende Gedanken und sinnlose Betätigung.

In Teilen der allegorischen Literatur wird zudem von den Abenteuern der verschiedenen Abstrakta und ihren Beziehungen untereinander erzählt. Ein klassisches Beispiel ist die *Psychomachia* von Prudentius (5. Jahrhundert), in der die Sünden und Tugenden gegeneinander in den Kampf ziehen. In *El Criticón* (1651) von Baltasar Gracián tritt die Dummheit als Schwester des Wahns auf, beides Kinder der Lüge, Enkel der Unwissenheit.

Auch in dem Text Juan Pérez de Moyas begegnen wir einigen der eher klassischen Sünden wie der Eitelkeit, der Unwissenheit und der Dummheit. Neben dieser Gattung von Hauptsünden finden wir eine weniger bekannte Gruppe von Substantiven, die durch die Kombination mit einem Adjektiv eine negative Bedeutung erhalten, wie die Verlorene Zeit und Kleines Hirn. Doch das Besondere und Überraschende an diesem Text ist der Umstand, daß hier das Augenmerk erstmals der Rolle der Palliative gilt: den Beschwichtigungsformeln, Phrasendreschereien und Ausreden, kurzum, den Wendungen des Bluffs und der Verschleierung. Der Autor hat sich in seiner Genealogie der Dummheit um eine Analyse der komplexen Struktur dieser eigenständigen Sprachkategorie bemüht.

Das Wort ward Fleisch

Zunächst können wir in dieser Geschichte drei Ebenen unterscheiden. Als erstes die textuelle Umordnung. Die Palliative wurden aus ihrem ursprünglichen Kontext herausgerissen und in neue eingegliedert. Die eine Äußerung wird innerhalb einer anderen dargeboten. Daraus hätten sich hübsche Konstrukte ergeben können wie: »Ich weiß, wovon ich rede sagte: ›Ich weiß, wovon ich rede.‹« Doch der Autor macht von solchen Möglichkeiten keinen Gebrauch. Die Tatsache, daß Texte als Protagonisten in einem anderen Text auftreten, eröffnet an sich schon eine schwindelerregende Perspektive.

Darüber hinaus wird im allegorischen Ahnenregister der logische Zusammenhang zwischen den gesonderten Äußerungen konstruiert. Die Struktur von Ursache und Wirkung ist im übrigen komplizierter, als sie auf den ersten Blick erscheint.

Schließlich fungieren die Palliative im moralischen Kontext als Symbole einer verächtlichen Geisteshaltung. Die Floskeln personifizieren verschiedene Facetten dummer Nachlässigkeit.

Bemerkenswerterweise tut man den Palliativen kaum Gewalt an, wenn man sie aus ihrer natürlichen Umgebung herauslöst. Meist handelt es sich um lapidare Redewendungen. Im neuen Kontext werden sie zwar zu Figuren transformiert, aber die Allegorie läßt ihren besonderen Charakter unangetastet. Auch im isolierten Palliativ klingt die angeprangerte Mentalität durch. Ausreden führen immer schon ein Eigenleben. Ihr Erscheinen bedeutet meistens den Anfang und zugleich das Ende des Gesprächs. Sie sind apodiktisch, sie umgehen den Dialog, lassen keinen Raum für Zweifel oder Widerrede, stellen sich dem anderen gegenüber taub und lügen sich selbst etwas vor.

Der selbstgenügsame Charakter wird durch die mannigfachen inzestuösen Beziehungen betont. Die Inzucht führt zu weiterer Degeneration. Nun, die Palliative mögen vielleicht der geistigen Entwicklung abträglich sein, die Dummheit gedeiht dabei jedoch nicht schlecht. Die Fortpflanzung bewirkt eine wachsende Idiotisierung und resultiert in einer weltweiten Diaspora der Trottel.

Der Triumph der Ausreden

Welche Mentalität wird anhand der Palliative überhaupt analysiert? Es geht nicht um die offenen, heroischen, provokativen Sünden wider Ordnung und Moral, sondern um heimliche, alltägliche, verschwiegene Untugenden. Die Palliative verhüllen und verkörpern eine hinterlistige Haltung. Nicht die vereinzelte Todsünde, sondern die strukturelle Nachlässigkeit steht im Mittelpunkt, das gute Gewissen, das sich selbst etwas vorgaukelt und sich keiner Schuld bewußt ist.

Natürlich lassen sich auch diese kleinen Laster auf die universellen Hauptsünden wie Faulheit, Verschwendungssucht und Eitelkeit zurückführen, aber ihre heimtückische Macht steckt gerade in der endlosen Vielfalt. Es ist die Summe dieser unauffälligen einzelnen Untugenden, die schließlich zur Untergrabung der Moral führt.

Die große Stärke des Textes liegt in seiner Veranschaulichung dieser fatalen Entwicklung. Wir bekommen keinen sensationslüsternen Bericht über dramatische Heldentaten, sondern eine äußerst sachliche Aufzählung alltäglicher Handlungen: Heirat und Fortpflanzung. Der kumulative Charakter des Erzählten reizt zum Lachen. Die fortwährende Wiederholung von Ereignissen, der durch die paragraphenhafte Diktion zusätzlicher Nachdruck verliehen wird, erlangt eine nahezu biblische Qualität.

Nicht die Faulheit *(Desidia)* oder die Eitelkeit *(Superbia)*, sondern der Fortpflanzungstrieb (eine konservative Form der *Luxuria*) ist entscheidend für den Triumph der Ausreden. Den Palliativen gelingt, was Helden und Götter lediglich unter größter Anstrengung fertigbringen. Im Schlaf und Beischlaf erobern sie die Welt. Im Gewand der Palliative gelingt es den Dummheiten, sich des Daseins zu bemächtigen. Gerade die alltäglichsten Handlungen weisen eine fatale Zweckmäßigkeit auf. Ihre mythische Kraft verdanken sie nicht ihrer persönlichen Qualität, sondern ihrer bloßen Zahl. Menschliche Dummheit und Monogamie sind weitreichender als göttliche List und Liederlichkeit.

Die zersetzenden Palliative haben also endlich ihren rechtmäßigen Platz in der Mythologie erhalten. Zu guter Letzt findet die entscheidende Rolle dieser vernachlässigten Klasse angemessene Würdigung.

Zum Schluß hält sich der Autor etwas eingehender mit dem Schicksal von Ich fordere Respekt auf. Nach dem vorzeitigen Ableben seiner ersten Frau (und Schwester) Es wird dir an nichts fehlen heiratete er die Dummheit. Die Maßlosigkeit *(Gula)* wurde ihnen zum Verhängnis. Sind dem Autor etwa ein paar Versehen unterlaufen? Ich fordere Respekt, so stellt sich heraus, ist plötzlich mit Es war mir entgangen, einer entfernten Vorfahrin, verheiratet, während seine zweite Frau, die Dummheit, auf einmal seine Großmutter sein soll. Und wie ist es möglich, daß Es wird dir an nichts fehlen unversehens von den Toten auferstanden ist, um das jungvermählte Paar bei der Verwendung seines Kapitals zu beraten?

Bedeutsamer ist jedoch die plötzliche Erscheinung der Schlüsselfigur des Barock: Aus den Kulissen tritt der Wahn auf die Bühne, um das Schicksal der beiden zu besiegeln. Der Wahn *(engaño:* Illusion, Selbstbetrug, Täuschung) hat zum klassischen Widersacher die Entnüchterung (*desengaño:* Besinnung, Aufklärung, heilsame Desillusion). Dieses Gegensatzpaar bestimmt meist die Moral. Im Theater der Palliative hat der Wahn indessen allein das Sagen. Die Verlorene Zeit und die Unwissenheit gehen blind eine Ehe ein. Diese führt nicht zu Erkenntnis oder Einsicht, sondern zu geistiger Faulheit, Selbstgefälligkeit, ungefähren Mutmaßungen – und zur Geburt des Palliativs.

Der letzte Akt ist nicht mehr als eine Pflichtübung, bei der die Moral noch zu einem kurzen Auftritt antreten darf, um mitzuteilen, daß Kurzsichtigkeit und Unachtsamkeit unweigerlich ins Verderben führen. Diese Botschaft vermag allerdings nicht darüber hinwegzutäuschen, daß Moral und Besinnung machtlos sind. Mit dem Tod des Ich fordere Respekt endet die Genealogie, nicht weil die Dummheit mit ihm zu Grabe getragen würde, sondern weil die unendliche und rasche Verzweigung ihres Stammbaums nicht länger überschaubar ist. Die Moral hat ihre Macht über das Dasein verloren und muß fürchten, von den Nachkommen der Dummheit überwuchert zu werden.

Die Stunde aller

Nach dem Vorbild Juan Pérez de Moyas hat auch Francisco de Quevedo eine *Genealogie der Trottel* verfaßt. Später hat er die hohlen Phrasendreschereien in *La Hora de Todos y la Fortuna con Seso* (1635; deutsch: *Die Fortuna mit Hirn oder Die Stunde aller*) eingearbeitet, einer grandiosen Allegorie, in der das heidnische Thema der Fortuna benutzt wird, um die Instabilität einer krisengeschüttelten Welt zu illustrieren.

Jupiter versammelt alle Götter, um Fortuna zur Rechenschaft zu ziehen. Die blinde Fortuna spaziert mit einem Stock und einem Blindenhund herein. Sie bewegt sich auf einer Kugel fort und wird, als Mittelpunkt eines Rades, von einem Knäuel Fäden, Bänder und Schnüre umkreist, die sich durch ihre Wendungen bald verwirren, bald entwirren. Ihr folgt auf den Fersen die Gelegenheit, eine Frau mit barbarischer Visage und Glatze (»den Schwalben ein Spiegel«). Nur auf ihrer Stirn baumelt eine lange, fettige Locke; man muß die Gelegenheit beim Schopf fassen, wenn sie sich ergibt. Einmal vorüber, bietet der Schädel keinen Halt mehr.

**Die Gelegenheit
und die Reue**

(um 1500) Fresco von
Andrea Mantegna

In dieser Variante balanciert die Gelegenheit
(Occasio) mit einem
beschwingten Fuß auf
einer Kugel. Die Locke
blendet sie. Die Reue
(Poenitentia) bleibt zurück. Die Wahre Gelehrtheit (Vera Eruditio),
auf solider Basis fußend,
schützt uns vor den Versuchungen der Fortuna.

Die Anklage Jupiters lautet, die Torheiten der Fortuna hätten dazu geführt, daß die Menschen nicht mehr an die Götter glaubten und dächten, der Himmel sei leer. Nicht ihre Blindheit, sondern vielmehr ihre Ungerechtheit wird ihr zum Vorwurf gemacht. Schließlich belohne sie Verbrecher und stürze Tugendhafte ins Elend.

Fortuna beteuert ihre Unschuld; sie streue ihre Geschenke blind und beliebig unter die Leute. Die Gelegenheit fügt hinzu, daß es dem Menschen überlassen bleibe, sie zu ergreifen. Wenn jemand schlecht wegkomme, sei dies allein seiner Unachtsamkeit geschuldet. Der Mensch jedoch maskiere seine geistige Faulheit und Korruption durch Phrasen:

»Die Dummheit hat solche infernalischen Redensarten
unter den Menschen verbreitet:

›Wer hätte das gedacht; Ich hätte nie und nimmer gedacht; Darauf habe ich gar nicht geachtet; Ich wußte nicht; Schon gut; Macht nichts; Das läßt mich kalt; Morgen ist auch ein Tag; Eile mit Weile; Alles zu seiner Zeit; Darauf habe ich gar nicht geachtet; Ich weiß, was ich will; Ich lasse mich nicht für dumm verkaufen; Hör' mir doch

auf; Es wird mich schon nicht umbringen; Nimm's nicht
so tragisch; Du mußt nicht alles glauben; Koste, was es
wolle; Das gibt's doch gar nicht; Jedem das Seine; Der
Herrgott wird's richten; Kommt Zeit, kommt Rat; Wenn
Gott eine Tür zumacht, macht er die andere wieder auf;
Das Maß ist voll; Was geht dich das an; Ich meine; Das
gibt's doch gar nicht; Schluß jetzt; Ich kann nicht mehr;
Die Zeit wird's lehren; Davon wird die Welt nicht unter-
gehen; Man stirbt nur einmal; Was bildest du dir ein;
Ganz bestimmt; Ich sage, was ich will; Wir sitzen in einem
Boot; Ich kenne meine Pappenheimer; Das ist meine
Angelegenheit; Wir werden sehen; Man sagt, daß‹. Und
›Aber‹ und ›Vielleicht‹. Und der Leitspruch dieser Dick-
köpfe lautet: ›Es kommt, wie's kommt!‹

Durch diese dummen Redensarten werden die Menschen dünkelhaft, faul und liederlich. Sie sind das Eis,
über das ich hinweggleite, sie machen, daß sich das Rad
meiner Meisterin dreht und die Kugel unter ihren Füßen
rollt. Doch wenn die Dummköpfe mich entwischen lassen, kann man mir dann vorwerfen, entwischt zu sein?«

Jupiter beschließt, ein Experiment zu veranstalten. Die Menschen sollen
am 20. Juni um vier Uhr nachmittags eine Stunde lang für ihre Verdiens-
te belohnt werden. Fortuna läßt ihr Rad los, das sodann über die Erde
wirbelt und alle Angelegenheiten in einen heillosen Wirrwarr stürzt.

Wem die Stunde schlägt

Wenn die Stunde schlägt, verwandelt sich der Arzt in einen Henker. Ein
Verurteilter tauscht die Rolle mit seinem Bewacher. Unrat strömt in eine
Apotheke hinein, während Pillengläser aus dem Laden in die Abfalleimer
kullern. Müllmänner, mit Besen und Schaufeln bewaffnet, helfen nach,
indem sie aufgedonnerte Frauen mit syphilitischen Nasen und gefärbten
Haaren hinterherwerfen.

Ein Dieb, der sein Vermögen in den Bau eines luxuriösen Hauses ge-
steckt hat, das er anschließend vermieten wollte, muß erleben, wie ein

Stein nach dem anderen verschwindet und die Dachziegel davonfliegen. Türen, Fenster und Zäune machen sich auf die Suche nach ihrem rechtmäßigen Eigentümer. Die Wappenschilde der Fassade entschwinden wie der Blitz, um sich wieder an ihren angestammten Platz in den Schlössern zu begeben, denen der Lump seine Herkunft zugedichtet hatte. Das einzige, was zurückbleibt, ist das Schild »Zimmer zu vermieten«, auf dem jetzt geschrieben steht: »Dieb zu vermieten, obdachlos. Bitte eintreten ohne anzuklopfen, das Haus steht nicht mehr im Weg.«

Auch die Phrasen kehren zurück. In Kapitel VII von *Die Stunde aller* sind es die Richter, die ihre Inkompetenz durch nichtssagende Sprüche wie »Es kommt, wie's kommt« oder »Gott wird's richten« verschleiern. Nachdem die Stunde geschlagen hat, verurteilen die Richter sich selbst. Ihre Roben verwandeln sich in Schlangenhäute, dann fallen sie übereinander her.

In Kapitel XVI sind die Schurken an der Reihe, die sich gegenseitig ungedeckte Wechsel, falsche Diamanten und gestohlenes Silber anzudrehen suchen. Für diesen Schwindel greifen sie zu hübschen Floskeln wie: »Ich nenne die Dinge immer beim Namen«, »Ein Mann, ein Wort«, »Meine Eltern haben mir beigebracht«. Worauf der andere entgegnet: »Wer viel verspricht, hält wenig«, »So bin ich nun mal«, »Hier zählen die inneren Werte«. Dann schlägt auch ihnen die Stunde. Plötzlich glauben die Ganoven einander aufs Wort! Der eine tauscht sein Talmi gegen gefälschte Wechsel, der andere tauscht seine falschen Edelsteine gegen das gestohlene Silber. Als sie die erworbenen Güter anschließend veräußern wollen, werden alle wegen Betrugs festgenommen.

Die joviale Geste

Die Stunde, in der jedem sein gerechter Lohn zuteil wird, stellt die Welt auf den Kopf. Das heißt aber nicht, daß die Gerechtigkeit siegen würde, im Gegenteil. All jene, die zeitlebens arm und einfach waren, sind auf einmal vom Teufel besessen, sobald sie Geld erhalten. All jene, die reich und vornehm waren, werden auf einmal arm und barmherzig. Gute Reiche und schlechte Arme, so zeigt sich, gibt es überhaupt nicht.

Am Ende seines Experiments zieht Jupiter den Schluß, daß der Mensch so schwach sei, daß derjenige, der Böses tut, wann er will, damit erst aufhört, wenn er nicht mehr kann; nicht aus Reue, sondern aus Unvermögen. Der Vorwurf, daß Fortuna die Halunken begünstige und die Tugendhaften strafe, war unberechtigt. Fortuna lacht nicht die Bösen an; der Mensch wird böse, wenn Fortuna ihn anlacht. Rückschläge dagegen machen den Menschen fromm. Je nach den Umständen ist der Mensch sowohl Opfer als auch Übeltäter, sowohl Betrüger als auch Betrogener. Gut ist nur der, der nicht die Gelegenheit bekommt, Böses zu tun.

Dennoch verzweifelt Jupiter nicht. Die Instabilität der Welt, deren Symbol die Fortuna ist, ist zugleich Ausdruck der göttlichen Vorsehung. Es obliegt dem Menschen, von seinem freien Willen und seiner Vernunft Gebrauch zu machen, um aus den Prüfungen, die ihm der Himmel auferlegt, seinen Vorteil zu ziehen. Fortuna ist weder ein unentrinnbares Schicksal, noch ein blinder Zufall, dem der Mensch machtlos ausgeliefert wäre. Gott hilft dem, der sich selbst hilft. Weise ist der, der die Schläge des Schicksal geduldig erträgt und die Glücksfälle zu relativieren weiß. Die Toren, die sich mittels Ausreden ihrer Verantwortung zu entziehen suchen, werden dagegen zum Spielball der Fortuna.

Wenn Jupiter schließlich behauptet, jedem das zu geben, was er verdient, hat er nicht etwa eine Bestrafung der Bösen im Sinn. Im Gegenteil, am Schluß der Stunde sieht Jupiter von jeder Sanktion ab und beläßt es beim Status quo. Die Welt wird wieder den Launen der Fortuna ausgeliefert.

»Möge Fortuna ihr Rad und ihre Kugel wieder auf gebahnte Wege führen. Möge sie den Weisen Lohn verheißen, den Narren Strafe. Unsere unfehlbare Vorsehung und souveräne Macht werden darauf achten, daß jedem zukommt, was ihm Fortuna zuerteilt. Ihre Gunst oder Ungunst ist nicht an sich schlecht, denn wenn man es versteht, den Rückschlag zu erdulden und die Gunst geringzuschätzen, sind beide nützlich. Solle der, der von ihr nimmt, was sie gibt, um es zu seinem Nachteil zu nutzen, sich über sich selbst beschweren und nicht über Fortuna, denn diese gibt beliebig und ohne böse Absicht.«

Dann schlägt die fünfte Stunde, und alles ist wieder beim alten.

Die Einheit der Gegensätze

Und der Geist, der lange gedöst,
hatte Weiten erschaut, unerhört,
geschlüpft durch ein Nadelöhr,
wie einst dem Kamel es gelang,
In welchem Land kam er an?
Auf Erden – im eigenen Land.

Martinus Nijhoff, *Die Stunde X*

Das Paradox ist charakteristisch für den Barock: Reichtum bringt Annehmlichkeiten mit sich, aber auch Unruhe; Armut ist Quelle des Leids, aber auch von Frieden und Serenität. Quevedo geht jedoch einen Schritt weiter. An Stelle von simplen Gegensätzen wie reich / arm, gut / böse oder Tod / Leben verkündet er die immanente Widersprüchlichkeit des Daseins. In *Die Stunde aller* wird der ambivalente Charakter der wie selbstverständlich anmutenden Welt enthüllt. Jede Sache enthält ihr eigenes Gegenteil, das sie zugleich untergräbt und beseelt: Unsere Feinde sind unsere wahren Freunde, die Krankheit ist eine gesunde Prüfung, der Tod gewährt Zugang zum wahren Leben. In dieser Verteidigung der Identität von Gegensätzen erhält die stoische Überlieferung eine christliche Anwendung. Was auch immer geschieht, nur im Unglück findet man die günstigen Bedingungen des Glücks.

Diese dialektische Sicht des Daseins hat ihre Entsprechung in der Struktur des Werkes. Jede Szene besteht aus zwei antithetischen Teilen, jeweils vor und nach der Stunde. Diese Sichtweise kommt ebenfalls im paradoxen Stil zum Ausdruck. Quevedo spielt die Phrasen, die den Menschen des Denkens entheben, gegeneinander aus, vereint in der Sprache das Unvereinbare und jongliert mit den Worten. So weckt er beim Leser das Bewußtsein für den lügenhaften Charakter der Floskeln, die das paradoxe Wesen der Welt verhüllen. Und indirekt, durch das rhetorische Feuerwerk, deutet Quevedo auf die Freiheit des Menschen, diesem ambivalenten Dasein selbst Sinn zu verleihen.

**Die Frösche wollen
einen Fürsten haben.**

Anonymer Stich, Neapel,
15. Jahrhundert

VII Über die notwendige Dummheit der konstitutionellen Monarchie

Ein Fürstenspiegel

Für W. A. van B.

Prolog: Die Frösche wollen einen König haben

Die Frösche, die die Freiheit ihrer Sümpfe genossen, baten Jupiter um einen König, der den lockeren Sitten ein Ende bereiten würde. Lachend warf der Göttervater einen Holzklotz in den Morast. Nachdem sie sich von dem Schrecken erholt hatten, kamen die Frösche näher, um den Klotz zu untersuchen und ihn dann zu verspotten. Anschließend baten sie Jupiter um einen echten König, woraufhin er eine Wasserschlange in den Morast warf, die alle Frösche auffraß.

Hier haben wir es mit den beiden Extremen unserer Gesellschaft zu tun: Die Demokratie kann in Anarchie umschlagen, die Monarchie zur Diktatur führen. Die Fabel Äsops veranschaulicht, daß die Demokratie von Königs Gnaden existiert, unter der Bedingung, daß er ein Klotz ist.

1 Dummheit als Fundament der Zivilisation

Die erste Dummtat

Am Anfang war die Dummheit. Die Natur verblüffte sich selbst durch eine Idiotie, die die Kultur begründete: Beim Menschen offenbarte sich eine selbstdestruktive Idiotie. Der ausgeglichene Zyklus von Blüte und Zerfall, bis dahin von Instinkten reguliert, wurde von einem dreisten Freiheitssinn erschüttert, der – weil tollkühn – nicht länger Natur war, und – weil unbezähmt – noch keine Kultur. In seiner *Vorlesung über »Pädagogik«* von 1776 bezeichnet Kant diese Urdummheit, die im unwirtlichen Gebiet zwischen Natur und Kultur beheimatet ist, als »Wildheit«.

> »Der Mensch hat [...] von Natur her einen so großen Hang zur Freiheit, daß, wenn er erst eine Zeitlang an sie gewöhnt ist, er ihr alles aufopfert.«

Diese Dummheit, aufgrund deren der Mensch sich und seine Gattung aufs Spiel setzt, unterscheidet ihn vom Tier:

> »Die Tiere gebrauchen ihre Kräfte [...] regelmäßig, d.h. in der Art, daß sie ihnen selbst nicht schädlich werden.«

Der Mensch hingegen ist das einzige Wesen, das so dumm ist, bei seiner Geburt durch Geschrei die Aufmerksamkeit der wilden Tiere auf sich zu ziehen. Bar jeden Instinktes, ist der Mensch gezwungen, seine unbesonnene Wildheit durch Zucht Gesetzen zu unterwerfen.

Das Hobeln der groben Männer

von Erhard Schön (1533)

Wildheit und Roheit

Der Mensch ist nach Kant von Natur her nicht nur wild, sondern auch ungehobelt, roh, außerstande, Zweck und Mittel aufeinander abzustimmen. »Rohigkeit« kommt, mehr noch als »Wildheit«, dem nahe, was Kant unter »Dummheit« versteht: »Der Mangel an Urteilskraft ist eigentlich das, was man Dummheit nennt.« Im Unterschied zum Dummkopf läßt sich der neugeborene Mensch noch »entrohen« – daher die *e-ruditio*, wie sich auf latein die Bildung nennt.

Anders als die Zucht, die eine negative Funktion erfüllt, macht die Unterweisung bzw. die *e-ruditio* den positiven Teil der Erziehung aus. Zwischen den beiden besteht gleichwohl ein enger Zusammenhang, denn gerade seine beharrliche Wildheit zwingt den Menschen dazu, sich zu zivilisieren, zu »entrohen«.

> »Bei dem Menschen ist, wegen seines Hanges zur Freiheit, eine Abschleifung seiner Rohigkeit nötig; bei dem Tiere hingegen wegen seines Instinktes nicht. [...] Ein Tier ist schon alles durch seinen Instinkt; eine fremde Vernunft hat bereits alles für dasselbe besorgt. Der Mensch aber braucht eigene Vernunft. Er hat keinen Instinkt.«

Wilde Dummheit stellt mithin einerseits ein Hindernis für die Kultur dar, die dieser selbstzerstörerischen Idiotie grundsätzlich keinen Platz einräumt, andererseits jedoch liegt sie ebendieser Zivilisation zugrunde: Kultur ist nichts als das Produkt einer Reihe mehr oder weniger mißlungener Versuche, mit der Idiotie ins reine zu kommen.

Der Skorpion und die Schildkröte

Roheit läßt sich beheben, Wildheit nicht. Illustriert wird dies durch eine Fabel aus einem indischen Fürstenspiegel, dem *Pancatantra:* die Fabel von der Schildkröte, die mit einem Skorpion befreundet war. Als die Schildkröte den Freund auf seinen Rücken steigen ließ, um gemeinsam einen Fluß zu durchqueren, versuchte der Skorpion, sie mit seinem tödlichen Giftstachel zu treffen. Verdutzt fragte die Schildkröte nach dem Grund für diese törichte Tat, die sie beide das Leben hätte kosten können, woraufhin der Skorpion antwortete: »Ich konnte nicht anders.«

Wohlgemerkt: Es handelt sich um eine Fabel. Tiere sind nicht dumm, nur Menschen handeln wider besseres Wissen. Und die Crux dabei: Die Dummheit liegt nicht im Denken beschlossen, sondern im Zum-Trotz-Handeln!

Die selbstdestruktive Idiotie ist eine absolut freie Tat, die sich auf nichts anderes gründet als auf sich selbst. Der Skorpion handelt nicht aus irgendeinem bestimmten Grund, sondern um einer Kraft willen, die stärker ist als er selbst. Das, was die Kultur bezähmen soll, ist nicht die Natur, sondern diese selbstzerstörerische Dummheit, die sich allenthalben und jederzeit wiederholt. Der Mensch muß die Dummheit in ihrer verblüffenden Dimension kennenlernen und alsdann einen *modus vivendi* entwickeln, eine Möglichkeit, damit zu leben.

Die Umkehrung

Selbstzerstörung ist ein Verstoß gegen das ungeschriebene Gesetz der Natur, das auf Selbsterhaltung abzielt. Die Dummheit droht dem Menschen zum Verhängnis zu werden. Da jedoch die lebensbedrohliche

Dummheit nicht auszurotten ist, ohne zugleich den Menschen auszurotten, ist eine List vonnöten.

Die Selbstzerstörung verkehrt sich in ihr Gegenteil, indem uneigennützige Selbstaufopferung zur höchsten zivilisatorischen Norm erhoben wird! Auf diese Weise wird die Idiotie zum Dreh- und Angelpunkt der Kultur. Im Grunde ist diese Norm widernatürlich, weil sie selbstzerstörerisch ist: Vom Standpunkt der Natur gesehen, kommt Selbstaufopferung der größten Dummheit gleich. Doch unter formalen Gesichtspunkten bedeutet die Norm keinen Bruch mit dem Gesetz der Natur, da wir uns paradoxerweise für *die Selbstaufopferung aus Selbsterhaltungstrieb* entscheiden.

Selbstaufopferung ist eine Travestie, in der die Dummheit die Gestalt höchster Weisheit annimmt. Selbstaufopferung ist eine heilige Dummheit. Der Exzeß wird zur Norm. Deshalb stellt die Zivilisation ihre eigene Karikatur dar: eine kulturgewordene Dummheit, eine Idiotie, die zur zweiten Natur geworden ist. Daher lachen wir über Witze, in denen Menschen ihr Leben in Gefahr bringen; nicht etwa, weil sie wider die Norm handelten, sondern weil ihre Torheit dem Kern der Norm so verwandt ist: der freiwilligen Selbstzerstörung. In den Witzen tritt zutage, daß sich hinter den uneigennützigen, sich aufopfernden Untertanen selbstzerstörerische Narren verstecken. Die freiwillige Knechtschaft maskiert einen Krieg aller gegen alle.

La Fable et la Vérité

»La morale a besoin, pour être bien reçue,
Du masque de la fable et du charme des vers;
La vérité plaît moins quand elle est toute nue,
Et c'est la seule vierge en ce vaste univers
Qu'on aime à voir un peu vêtue.«

Marillier

2 Der Mensch: eine Traube

Ekstase

Ein Hund schwamm über den Fluß mit einer Wurst im Maul, als er plötzlich im Spiegel des Wassers einen anderen Hund mit einer Wurst sah. Weil er nicht klein beigeben wollte, ließ er seine Wurst fallen und biß nach der des anderen. Mit der eigenen Wurst verschwand auch die Wurst seines Rivalen in den Fluten.

Dummheit ist nicht so sehr Folge eines versagenden Sinnesorgans oder einer fehlerhaften Schlußfolgerung, sondern vielmehr eine Form der Ekstase: Weil wir anderen zeigen wollen, wieviel wir wert sind, geraten wir außer uns, sind wir nicht mehr bei Sinnen. Es handelt sich um einen blinden Willen zur Dummheit, über dem wir uns selbst aus den Augen verlieren.

Eigenliebe und Eigendünkel

In einem nassen Ländchen lebte einst ein Frosch, der meinte, ein Prinz zu sein, doch niemand nahm sein Gequake ernst. Um sich zu bewähren, lief er die Elfstädtetour, versuchte sich am Wellenreiten und stürzte sich aufs Windsurfing. Der Hohn des Fröschevolks wurde ihm zuteil. Schwermütig plantschte der Froschprinz in seinem Tümpel herum. Bis ihm das Schilf das erlösende Wort einflüsterte: Wassermanagement.

Die Dummheit, die unserer Kultur zugrunde liegt, macht Bernard Mandeville (Rotterdam 1670 – London 1733) im Egoismus aus. Alle Gedanken und Handlungen des Menschen seien naive oder unbewußte Versuche, die Leidenschaften zu befriedigen, die dem Egoismus entspringen. Hunger, Durst und Sexualtrieb gehen demnach aus Eigenliebe hervor, einem Instinkt, der primär auf Selbsterhaltung abzielt. Doch wie läßt sich der Selbstmord erklären? Wie ist es möglich, daß Egoismus einen Menschen dazu treiben kann, sich selbst zu vernichten?

Mandeville unterscheidet zwischen Eigenliebe *(Self-love)* und einer »namenlosen Leidenschaft«, die er Eigendünkel tauft *(Self-liking)*. Die Eigenliebe gehorcht dem Ruf der Natur, sie zeugt von Realitätssinn. Eigendünkel dagegen ist das Vermögen, sich Illusionen hinzugeben. Es handelt sich dabei um eine Art der Selbstüberschätzung, die Lebenslust wachruft, egal ob das Leben dazu angetan ist oder nicht. Eigendünkel wappnet gegen die Verzweiflung. Eigenliebe kommt nicht ohne Eigendünkel aus. Wir können uns in der Wirklichkeit nur dank gewisser Wahnvorstellungen behaupten. Des Eigendünkels beraubt, verkehrt sich die Eigenliebe in Selbsthaß. So kann sich der Mensch aus Eigenliebe für den Selbstmord entscheiden, weil sein Eigendünkel ihn verlassen hat.

Der Eigendünkel hat jedoch auch eine selbstzerstörerische Seite. Eigendünkel kann uns gegen den Ruf der Natur taub machen. Mit »vollem Bauch«, wenn die elementaren Bedürfnisse gestillt sind, kann Eigendünkel uns dazu verführen, unserem Eigeninteresse rücksichtslos zuwiderzuhandeln, um eine Leidenschaft wie Dünkel *(Pride)* zu befriedigen.

Die Neigung der Menschen, sich zu überschätzen, geht mit heimlichem Zweifel einher. Gleich und gleich gesellt sich gern, zwecks Selbstbestätigung; eine exzessive Zurschaustellung des Eigendünkels führt jedoch zu gegenseitiger Abneigung. Hier berühren wir den dummen Kern der Zivilisation: Stolz vereitelt Stolz. Der Eigendünkel und der Wetteifer unter den Menschen, den selbiger bewirkt, stehen der Befriedigung des Eigendünkels im Weg und bilden überdies ein Hindernis für die Gesellschaft. Die Gefahr, die stolze Menschen jeweils füreinander darstellen, zwingt zu einer List.

Die List

Niemand kann behaupten, nicht von Stolz erfüllt zu sein, ohne sich damit selbst zu rühmen. Der Dünkel läßt sich nicht austreiben. Deshalb müssen wir den Stolz, um dessentwillen der Mensch bereit ist, seinen natürlichen Instinkten zuwiderzuhandeln, gegen sich selbst ausspielen. Die Kultur lehrt uns, unsren Stolz aus dem Verschleiern unseres Stolzes zu schöpfen! So erblicken die Guten Sitten das Licht der Welt. Anstand ist eine Form der Selbstaufopferung, die durch Schmeichelei kompensiert wird. »The Moral virtues are the Political Offspring which Flattery begot upon Pride.« Die Schmeichelei gebiert die Tugend. Und je größer der vorgelebte Anstand, desto zahlreicher die Komplimente, die man bekommt, desto größer der Stolz, desto größer die Angst vor der Scham, desto größer der vorgelebte Anstand und so weiter. Ein genialer Einfall: Je besser der Stolz verheimlicht wird, desto mehr wird der Stolz befriedigt! *Superbia*, Theologen zufolge die erste unter den Todsünden, wird zum Kern der Sittlichkeit. *Pride*, der dünkelhafte Stolz, liefert die Energie, die die soziale Maschinerie am Laufen hält. Wir finden Selbstbestätigung in der Selbstverleugnung.

Die Betörung

Die Kultur ist um Stolz und Scham organisiert, und zwar mit Hilfe des Instrumentes der Schmeichelei, das heißt: der Lüge. Wir fördern die Maskerade. Durch die Verstellung erhält der Stolz freie Bahn. Wenn der Stolz nicht zum Zuge käme, entartete er zu Grausamkeit und Neid. Der Anstand ersetzt die natürlichen, anstößigen Symptome des Stolzes durch künstliche Ausdrucksformen wie Hygiene, schöne Kleider, Möbel, Gebäude, Gemälde, Ehrentitel, kurzum durch alles, was Achtung verschafft, ohne Anstoß zu erregen. Wir tun so, als ob diese Kulturformen aus noblen Motiven erwüchsen; und der Anstand gebietet uns, dies nie und nimmer zu bestreiten. Mit den Jahren beginnt der Mensch tatsächlich, an die Tugendhaftigkeit seiner Beweggründe zu glauben, »blind für die versteckte Quelle, die seine Taten mit Leben und Kraft speist«. Wenn wir nur lange genug so tun, als wären wir anständig, sei's auch aus unanständigen Motiven, werden wir auf die Dauer von selbst anständig.

Allgemeine Mascarade

von J. F. Leopold
(1668–1726)

Die Heuchelei

Normen sind weder in der Natur noch in der Vernunft, sondern in den Leidenschaften begründet. Tugenden sind Listen, die dazu dienen, die Selbstsucht zu befriedigen. Unter dem Mäntelchen des Anstands umschiffen wir die Klippen, die der Befriedigung unseres Eigendünkels im Wege stehen. Die Heuchelei folgt dem Stolz wie sein Schatten. Häufig handelt es sich nicht einmal um bewußtes Heucheln. Auch hinter aufrichtig empfundenem Altruismus verbirgt sich Egoismus. Jeder betrügt sich selbst. Auch die Vernunft wird unwissentlich von Leidenschaften gelenkt; alles Denken ist eine Rationalisierung von Begierden. Wir lernen am Ende sogar, den Egoismus als etwas Sündhaftes zu empfinden. Das ist der Grund, weshalb die Enthüllung, daß der Eigendünkel den Kern der Gesellschaft bildet, als Kränkung des Eigendünkels erfahren wird!

Die Dummheit herrscht dort, wo alles selbstverständlich ist. Wir sind blind für die Rolle, die der Stolz und dessen Maskierung spielen. Die Intelligenz kann den Schleier nicht durchbrechen: Der Stolz macht auch den vernünftigen Menschen blind für den Stolz ...

Das Gute am Bösen

Der Wolf ist dem Lamm ein Wolf, und ein Wolf einem Wolf ein Wolf. Nach Plautus ist der Mensch jedoch dem Menschen ein Wolf, und nicht ein Mensch ... Und Thomas Hobbes schrieb: »Man is to man a kind of God, man to man is an errant wolf.« (*De Cive*, 1642) Eben weil der Mensch einen so starken Eigendünkel hat, stellt er eine Gefahr für sich und seine Art dar.

Der Mensch ist mithin kein politisches Tier, wie Aristoteles meinte. Vergeblich suchen wir beim Menschen nach einem angeborenen Zusammengehörigkeitsgefühl. Doch Mandeville geht nicht so weit wie Hobbes, der behauptet, der Mensch sei unheilbar asozial. Gerade dank seines Egoismus ist der Mensch erst sozial geworden:

> »die schlechten und die allgemein verabscheuten Eigenschaften des Menschen, seine Unvollkommenheiten und der Mangel an Vorzügen, die anderen Geschöpfen zukommen, [sind] die ersten Ursachen gewesen, die den Menschen [...] zu einem geselligen Wesen gemacht haben.«

Das sozial Böse geht also dem sozial Guten voraus. Wir müssen erkennen, daß:

»was eigentlich den Menschen zu einem sozialen Wesen macht [...], nicht in seinem Geselligkeitstriebe, in Sanftmut, Mitleid, Wohlwollen und anderen äußerlich schön erscheinenden Tugenden besteht, sondern daß es gerade seine schlechtesten und am meisten verabscheuten Eigenschaften sind, was ihn vor allem zur Bildung großer und, wie man sagt, glücklicher und blühender Gemeinschaften befähigt.«

Die Kultur ist angewiesen auf das Laster. Mandevilles Devise lautet: *Private vices, public benefits* – Private Laster, öffentliche Vorteile. Wohlgemerkt: Nicht jedes Laster ist eine öffentliche Tugend. Es verhält sich umgekehrt: Alles »Gute« beruht auf »Bösem«. Nur wenn das Laster zu einem Verbrechen auswächst, das dem Allgemeinwohl zuwiderläuft, soll es unter Strafe gestellt werden. Mandeville sezierte die Gesellschaft seiner Zeit in der Absicht:

»die Unvernünftigkeit und Torheit derjenigen [zu erweisen], die bei ihrem Streben, ein wohlhabendes und blühendes Volk zu sein, und bei ihrer erstaunlichen Gier nach Gewinn [...] doch immer über jene Laster und Mißstände murren und klagen, die vom Anbeginn der Welt bis zum heutigen Tag von allen je durch Macht, Reichtum und Geistesbildung berühmt gewesenen Staaten unabtrennbar gewesen sind.«

Die Bienenfabel

In *The Fable of the Bees* (1714) verfolgt Mandeville das hochgesteckte Ziel:

»die Minderwertigkeit der Bestandteile zu zeigen, die alle zusammen die gedeihliche Mischung einer wohlgeordneten Gesellschaft ergeben, und damit die wunderbare Macht politischer Weisheit gebührend hervorzuheben, mit deren Hilfe ein so schönes Gebäude aus den verachtungswürdigsten Materialien aufgeführt wird.«

Damit nicht genug: Würde das Gute im Menschen zu stark beansprucht, hätte dies auf die Gesellschaft im ganzen einen lähmenden Effekt. Was passiert, wenn alles Böse ausgetrieben würde, davon handelt Mandevilles Fabel.

Es war einmal ein florierender Bienenstock. Die Bienen waren »Nicht Sklaven einer Tyrannei / Noch wilder Demokraterei«, sondern »von Königen wohl gelenkt, / Da das Gesetz die Macht beschränkt'.« Im Bienenstock waren jedes Amt und jedes Fach von Korruption betroffen, es gab keinen »Beruf von Arglist frei«. Doch die Laster der einzelnen wurden durch eine kluge Politik dem Wohl aller dienstbar gemacht.

> »In jedem Teile sündig zwar,
> Ein Paradies das Ganze war.«

Besser noch:

> »Der größte Schurke selbst zum Schluß
> Doch dem Gemeinwohl dienen muß.«

Trotzdem beklagten sich alle über Betrügereien und Unsitten, vor allem Reiche, die sich selbst durch Schwindel hervortaten. Merkur ergötzte sich an dem Gezeter, aber Jupiter wurde böse und beschloß, den Bienenstock von allem Betrug zu befreien.

> »Die Heuchlermasken warn bei allen,
> Ob Staatsmann oder Clown, gefallen,
> Die man gekannt in fremden Mienen,
> Im eignen Antlitz fremd erschienen.«

Plötzlich herrscht allgemeine Tugend. Die Richter, Advokaten, Schmiede, Wärter und Wächter sind ohne Arbeit. Die Einkommen sinken. Jeder begnügt sich mit dem Nötigsten. Der Luxus verschwindet, die Arbeitslosigkeit nimmt zu. Das Baugewerbe kommt zum Erliegen, die Wirtschaft geht den Bach runter. »Vorbei ist's mit dem steten Ändern: / Man bleibt bei Moden und Gewändern.« Tausende sterben den Hungertod. Die Moral:

>Klagt nicht, denn daß ein Staat, der groß,
Auch redlich wird, wünscht Torheit bloß.
Daß man die Wonnen dieser Welt
Genießt und erntet Ruhm im Feld
Und lebt in Wohlstand sündenfrei,
Ist Utopie und Träumerei.«

Mandeville schreibt seine Fabel nicht, weil er eine Wendung zum Guten erwartete, sondern weil er hofft:

>daß diejenigen, die so sehr an Bequemlichkeit und Komfort hängen und sich alle Errungenschaften einer großen und blühenden Nation so gern aneignen, dazu gebracht werden möchten, geduldiger jene Übelstände zu ertragen, die keine Regierung auf Erden beseitigen kann – sobald sie nämlich die Unmöglichkeit sehen, ein gut Teil jener ersten zu genießen, ohne zugleich diese letzten mit in Kauf zu nehmen.«

Die Fabel vom Gesellschaftsvertrag

Wie ist der Mensch vom Naturzustand, in dem er lediglich dem Gesetz der Selbsterhaltung unterworfen ist, zu einer Kultur gelangt, in der die Menschen einer gemeinschaftlichen Autorität gehorchen?

Die Gesellschaft selbst versucht ihren Ursprung anhand des Gesellschaftsvertrages zu erklären, eines von allen mit allen auf der Basis von Freiheit, Gleichheit und Brüderlichkeit geschlossenen Vertrages: Jeder einzelne stellt sich freiwillig unter die Herrschaft der Gemeinschaft, und die Gemeinschaft nimmt jeden einzelnen als Teil des Ganzen auf. Als Bürger äußern alle gemeinsam ihren Willen, um dann als Untertanen zu tun, was sie ihrer Äußerung nach wollen. So ist für alle Freiheit und Selbsterhaltung garantiert: Jeder gehorcht nur sich, und das Gemeinwesen schützt jeden einzelnen vor dem Egoismus des anderen.

Es gibt allerdings ein unangenehmes Problem. Denn der Gesellschaftsvertrag setzt bereits das Gemeinwesen voraus, das er erklären möchte: die Anwesenheit von Individuen, die nach den Regeln einer

Die Welt

»Sie winckt dir Freündschafft zu in ihren Blicken,
und spottet dich, kehrst du ihr nur den Rücken.«
Anonym (1700)

rationalen Ordnung handeln. Die Erklärung weist also eine zirkuläre Struktur auf; sie läuft auf eine Petitio principii hinaus. Es handelt sich um einen Mythos. Die Fabel soll verhüllen, daß die Zivilisation aus Egoismus geboren wurde: »kein Mensch würde sich länger an einen Vertrag halten, als das Eigeninteresse andauert, das ihn dazu bewog, sich darauf einzulassen.«

Der Mensch ist von Natur her nicht gut oder böse, sondern dumm. Die Stabilität der Gesellschaft beruht nicht auf moralischen Gefühlen, sondern auf einem klugen Gebrauch des dummen Eigendünkels. Dazu werden die Laster und ihre subtilen Strategeme, die Tugenden, eingeführt. Tugenden sind orts- und zeitgebundene Versuche, mit einem irrationalen Egoismus ins reine zu kommen, der zeitlos ist. Die Gesellschaft gründet also nicht auf Gemeinschaftssinn, sondern auf einer asozialen Idiotie, die mittels einer List zur höchsten Norm befördert wurde. Kultur ist kulturgewordener Egoismus. Die Gesellschaft ist ein Nebenprodukt von ausgesprochen asozialen Handlungen!

Wäre der Mensch mit instinktiver Nächstenliebe ausgestattet, so gäbe es keine Kriege. Und hätte er sich seine primitive Einfältigkeit bewahrt, wäre er nie zu einem sozialen Wesen geworden.

Die Punschbowle

Der Mensch eignet sich von Natur her für die Gesellschaft wie »eine Traube für den Wein«. Die Fermentation ist eine Folge des Zusammenlebens, nicht dessen Ursache. Die Gesellschaft ist nicht das Produkt eines angeborenen Gemeinschaftssinns – die Geselligkeit ist das Produkt einer geschickt geführten Gesellschaft. *Fabricando fabri fimus* – Übung macht den Meister. Die Gesellschaft wird sozial, wenn alle das Gesetz befolgen, ungeachtet der asozialen Motive.

Dies jedoch funktioniert nur unbewußt. Das Wissen, daß die Gesellschaft von berechnenden Egoisten getragen wird, ist nicht gerade förderlich für die Moral. Deshalb machen wir einander weis, wir erfüllten den Vertrag aus Gemeinschaftssinn. Unwissenheit und Dummheit bilden einen wesentlichen Bestandteil des sozialen Gleichgewichts, wie aus dem großartigen Vergleich zwischen dem Staat und einer Punschbowle hervorgeht: »Das Wasser würde dann die Unwissenheit, Torheit und Leichtgläubigkeit der sich treiben lassenden, geschmacklosen Menge bedeuten.« Raffgier wäre das saure, Verschwendung das süße Element; Weisheit, Ehrgefühl, Tapferkeit und andere erhabene Eigenschaften bildeten den Kognak;

> »indes wissen wir aus Erfahrung, daß die erwähnten Ingredienzien, wenn in richtigem Verhältnis gemischt, ein ausgezeichnetes Getränk bilden, das von Feinschmeckern geschätzt und gern genossen wird.«

**La Philosophie
découvrant la Vérité**

Anonym (18. Jahrhundert)

3 Der nichtige Unterschied

Die Wahrheit der Wahrheit

In *La Philosophie découvrant la Vérité*, einer Allegorie aus der Zeit der Aufklärung, sehen wir, wie die Philosophie (mit dem Licht der Vernunft in der Hand) enthüllt, daß der Gesellschaftsvertrag unserer Kultur zugrunde liegt. Doch wer die Illustration genauer betrachtet, bemerkt, daß die nackte Wahrheit ihrerseits etwas zu verheimlichen sucht. Unter ihrem rechten Fuß bringt sie eine Maske mit verbundenen Augen und Eselsohren zum Schweigen – die Dummheit, die das wirkliche Fundament unserer Zivilisation bildet.

Im Hintergrund steht eine Büste Jean-Jacques Rousseaus.

Der Mensch ist zwar gut,
aber nicht blöd

Nach Rousseau war der erste Mensch, der ein Stück Land einzäunte, auf den Gedanken »Dies gehört mir« kam und Menschen fand, die einfältig genug waren, ihm zu glauben, der Gründer der Gesellschaft. Diese listige Unterscheidung zwischen mein und dein stellte eine Bedrohung für die natürliche Freiheit dar. Der Gesellschaftsvertrag war eine Gegenlist, um Mord und Totschlag zu vermeiden, eine Weise, mit dieser Idiotie (dem Partikularismus im strengsten Sinne des Wortes) ins reine zu kommen. Gegenstand des Gesellschaftsvertrags ist die Verleugnung des Eigeninteresses um des Gemeinwohls willen. Dies bedeutet aber nicht das Ende der Idiotie, im Gegenteil: Rousseau zufolge ist der Mensch von

Natur zwar gut, aber nicht blöd. Das Hemd ist ihm näher als der Rock. Besser noch: »Warum wollen alle das Glück eines jeden, wenn nicht deshalb, weil es keinen gibt, der sich dieses Wort Jeder nicht zu eigen macht?«. (*Du contrat social*, 1762; deutsch: *Vom Gesellschaftsvertrag*) Jeder einzelne denkt insgeheim an sich selbst, wenn er für alle stimmt. Dieser kurzsichtige Egoismus bildet einerseits eine ständige Bedrohung für den Staat, andererseits ist diese Dummheit nun gerade sein mystisches Fundament. Rechtsgleichheit rührt »von dem Vorzug her, den jeder sich selbst gibt, und folglich von der Natur des Menschen«.

Der Gesetzgeber

Wir befolgen das Gesetz nicht, weil es vorteilhaft wäre, das Gesetz wird vielmehr vorteilhaft, wenn jeder es befolgt. Doch wie bringt man den unzivilisierten Menschen dazu, ein zunächst gänzlich unvorteilhaftes Gesetz zu befolgen? Hätte das Volk das Wohl des Gesetzes von Natur aus zu schätzen vermocht, wäre kein Vertrag vonnöten gewesen: »die Menschen [wären] schon vor den Gesetzen, was sie durch sie werden sollen.« Der Gemeinschaftsgeist wäre demnach der Konstitution vorausgegangen. Doch die »verblendete Menge« ist vorerst zu dumm, um die Prinzipien der Staatsgründung zu verstehen. Sie vermag die Vorteile der Selbstaufopferung nicht zu erfassen.

Rousseau ruft einen mythischen Gesetzgeber ins Leben. Um die Menschen dazu zu bewegen, den Vertrag einzugehen, kann und darf dieser Gesetzgeber weder auf Gewalt noch auf Überredungskunst rekurrieren. Noch bevor es ein Volk im eigentlichen Sinne gäbe, würde er den demokratischen Prinzipien zuwiderhandeln. Nur ein Gesetz, das vom Volk selbst verfügt wird, verpflichtet. Um den Verdacht eines heimlichen Eigeninteresses erst gar nicht aufkeimen zu lassen, darf der Gesetzgeber keine politische Macht, sondern lediglich die Macht des Wortes besitzen. Er ist ein Demagoge, der dem Volk die Gegenstände zeigt, »wie sie [dem Volk] erscheinen müssen«. Er lehrt das Volk zu »erkennen, was es will«. Er hält den Menschen einen Spiegel vor, damit sie sich als einen Teil des Ganzen identifizieren. Der Trick, dessen er sich bedient, ist eine Umkehrung: Er tut, als wäre der Vertrag eine rein formale Bestätigung einer bereits bestehenden Situation. Er tut, als wäre die Wirkung des Vertrages, das Volk, die Ursache des Vertrages. Die Identität des Volkes, die er in seinem Mythos als unumstößliche Tatsache präsentiert, besteht jedoch nur kraft seiner Fiktion. Er macht aus einer zufälligen Ansammlung von Menschen eine Einheit durch die Geschichte, die diese Einheit verkündet. Vermittels Fabeln und der Inanspruchnahme höherer Mächte verführt er sie dazu, der Fiktion zu folgen, bis diese schließlich Wirklichkeit wird.

Die vierte Art von Gesetzen

What we opprobriously call stupidity, though not an enlivening quality in common society, is nature's favourite resource for preserving steadiness of conduct and consistency of opinion.

Walter Bagehot, *The Inquirer* (1852)

Argumente mögen vielleicht den Wolf im Menschen vom Nutzen des Gesetzes überzeugen, das schert ihn freilich herzlich wenig. Während das Schaf im Menschen zwar guten Willens ist, aber keine Ahnung vom Mechanismus des Staates hat. Das ist kein Problem, denn der Gesetzgeber verfügt in aller Stille eine Art Gesetze, die mächtiger ist als alle Grundgesetze, bürgerlichen Gesetze und Strafgesetze zusammen: »die wichtigste [Art] von allen, die weder auf Marmor noch auf Erz, sondern in die Herzen der Bürger geschrieben wird.« Er wirkt auf Gesetze ein, die den Geist der Konstitution erhalten, die unmerklich an die Stelle der Staatsgewalt die Macht der Gewohnheit stellen – nämlich die Sitten und Gebräuche sowie die gängige Meinung (»opinions«, *doxai*). Dies sind die dummen, aber zweckmäßigen Schlußsteine der Gesellschaft. Der Erfolg aller anderen Gesetzesarten ist von ihnen abhängig. Sogar wenn der Gesellschaftsvertrag zur Auflösung gelangen sollte, garantieren sie den Fortbestand des Gemeinwillens.

Der Stock und die Schlange

Um die einfachen Leute mitzureißen, die sich von seinem weisen Urteil nicht werden überzeugen lassen, legt der Gesetzgeber seine Entscheidungen in den Mund der Götter: »Aber nicht jedem Menschen ist es gegeben, die Götter sprechen zu lassen.« Jeder kann auf Steintafeln schreiben oder ein Orakel kaufen:

> »Wer nicht mehr vermag als das, kann zwar durch Zufall vielleicht einen Haufen von Verrückten sammeln, er wird aber niemals ein Reich gründen, und sein tolles Unterfangen wird alsbald mit ihm zugrunde gehen. Eitle Blendwerke bilden ein vergängliches Band, nur die Weisheit macht es dauerhaft.«

Es verhält sich jedoch gerade umgekehrt: Die Beständigkeit der Wirkung verwandelt die Gründungsgeste mit rückwirkender Kraft von einem unfaßbar törichten Trick in eine Weisheit, die unseren Verstand übersteigt.

So zeugt Rousseau zufolge das jüdische Gesetz von der Größe seiner Urheber: »und während philosophischer Hochmut oder blinder Parteigeist in diesen nur glückliche Betrüger sieht, bewundert der wahre Politiker in ihren Gründungen jenen großen und mächtigen Geist, der über dauerhafte Einrichtungen herrscht.« Mit anderen Worten: Der Anteil geistreichen Betrugs in unserer Zivilisation wird gewaltig unterschätzt. Betrachten wir einmal Moses, den jüdischen Gesetzgeber par excellence. Er bekommt von Gott die Aufgabe, sein Volk aus Ägypten zu führen (Exodus 4, 2 – 4). Doch Moses befürchtet, das Volk werde nicht glauben, daß er mit Jahwe gesprochen hat:

> »Der Herr sprach zu ihm: Was hast du da in deiner Hand?
> Er sprach: Einen Stab.
> Der Herr sprach: Wirf ihn auf die Erde. Und er warf ihn auf die Erde; da ward er zur Schlange, und Mose floh vor ihr.
> Aber der Herr sprach zu ihm: Strecke deine Hand aus und erhasche sie beim Schwanz.«

Da streckt er seine Hand aus, ergreift die Schlange, und in seiner Hand
wird sie wieder zum Stab.

> »Darum werden sie glauben, daß dir erschienen ist der
> Herr, der Gott ihrer Väter.«

Zusammen mit Aaron führt Moses den Trick am Hof des Pharao vor.
Dieser weist seine Zauberer an, das Kunststück zu wiederholen, worauf-
hin alle ihre Stäbe in Schlangen verwandeln. Aaron geht als Sieger aus
dem Wettbewerb hervor, als seine Schlange alle anderen verschlingt
(Exodus 7, 10–12). Der Pharao ist immer noch nicht überzeugt, worauf
Moses mit seinem Stab die sieben Plagen heraufbeschwört. So läßt er die
Frösche aus dem Nil über ganz Ägypten kommen.

In gewissem Sinne ist Moses das Gegenteil eines Fakirs. Ein Schlangenbeschwörer kann eine Schlange so beeinflussen, daß diese stocksteif wird; indem er das Tier plötzlich packt, beendet er diese Ekstase. Hier findet jedoch genau das Entgegengesetzte statt! Der wahre Gesetzgeber ist imstande, ein Stück Holz als Schlange zu verkaufen … Um das Fremde (Gott) vertraut zu machen, verfremdet er das Vertraute (den Stab).

Die Ästhetik der leeren Geste

Der Trick mit dem Stab und der Schlange veranschaulicht den eigentlichen Kunstgriff des Gesetzgebers: Um den wesensfremden Vertrag akzeptabel zu machen, verfremdet er den Menschen seinem natürlichen Egoismus. »Es ist nötig, daß er dem Menschen die ihm eigenen Kräfte raubt, um ihm fremde zu geben.« Er versteht es, die natürlichen Kräfte in politische umzuwandeln. Durch den Vertrag wird der Partikularismus, der die Einheit verhindert, mit einem Mal zum Fundament der Gesellschaft: Aus Eigennutz fügen sich die Menschen dem Gemeinwohl. Es handelt sich um eine leere Geste; ein nichtiger Unterschied ist ein Unterschied ums Ganze. Durch den Vertrag verwandelt sich der Mensch vom dummen Tier plötzlich zum denkenden Wesen. Trieb wird Pflicht. Instinkt wird Gerechtigkeit. Was sie als einzelne hergeben, bekommen sie als Bürger zurück. Die Demokratie ist ein Geschenk, das sich der Mensch selbst macht.

Der heilige Demokrat

Wir stoßen jedoch auf eine Ungereimtheit. Der Gesetzgeber scheint selbst außerhalb der Demokratie zu stehen, die er da propagiert. Er ist ja nicht vom Volk berufen worden, sondern er hat sich selbst ernannt. Außerdem scheint ihm alles Menschliche abzugehen. Um jeden Verdacht eines Eigeninteresses auszuschließen, muß der Gesetzgeber von all seinen Ämtern zurücktreten. Er muß vorgehen wie ein Fremder in eigenem Lande, weder auf Ruhm noch auf Macht bedacht, völlig leidenschaftslos. Rousseau stellt ihn wie einen Heiligen dar.

Der Witz dabei ist, daß die Definition, die Rousseau vom gottgleichen Außenstehenden gibt, der des demokratischen Subjekts aufs Haar gleicht! Die formale Demokratie ist antihumanistisch, sie ist nicht dem Menschen mit seinen Leidenschaften, Interessen und Bedürfnissen zum Bilde geschaffen, sondern einer herzlosen Abstraktion. Die Demokratie umfaßt alle Menschen »ohne Ansehen der Person«, d.h. unabhängig von Rasse, Religion, Reichtum und anderen Idiotismen.

Der wahre Demokrat ist natürlich eine utopische Figur – hinter jedem Citoyen verbirgt sich ein berechnender, nur auf sein Privatinteresse bedachter Bourgeois. Ein Problem ist das freilich nicht, denn der Bürger wird zum Bürger in den Versuchen, sich unbeschadet seiner egoistischen Motive als Bürger zu verhalten. Das demokratische Subjekt deckt sich kurzum mit seinem eigenen Scheitern. Die Demokratie reüssiert im Versagen.

Und genau dort liegt die Erklärung für die Ausnahmestellung des mythischen Gesetzgebers. Scheinbar verkörpert er ein unerreichbares Ideal. Gerade als Überdemokrat scheint er außerhalb der Demokratie zu stehen, die er verkündet. Doch bei Licht besehen, demonstriert der Überbürger in seiner Absurdität das Utopische der von ihm verkündeten Utopie, den fiktionalen Charakter seiner Fiktion. Der Gesetzgeber ist Teil des Mythos, den er verkündet.

Der Gesetzgeber ist nicht demokratisch gewählt, doch Rousseau zufolge wird er nachträglich von dem Volk, das er selbst gegründet hat, zum Oberhaupt berufen. Er ist ein willkürlicher Idiot, der es versteht, sich selbst rückwirkend in die Geschichte hineinzuschreiben: Der Erfolg legitimiert sein eigenmächtiges Vorgehen.

Der Wolf im Schafspelz

Rousseau unterscheidet zwischen dem *Gemeinwillen*, der auf das Gemeinwohl, die Erhaltung der Gemeinschaft und der dort verbrieften Freiheit abzielt, und dem *Willen aller*, der Summe aller Eigeninteressen. Die Politik hat die unmögliche Aufgabe der Quadratur des Kreises: den Willen aller auf den Gemeinwillen abzustellen.

Ausgangspunkt bei Beschlußfassungen ist das Mehrheitsprinzip. Doch während der Wahlen zerfällt die Gesellschaft in eine bloße Ansammlung einzelner, die jeweils nur auf ihr Eigeninteresse bedacht sind. Nur durch Zufall ist der Wille aller mit dem Gemeinwillen identisch. Einstimmigkeit bildet jedoch keine Garantie für politische Vernunft. Dazu wäre es erforderlich, daß man bei der Abgabe seiner Stimme das Gemeinwohl im Sinn hat.

Hier stoßen wir allerdings auf ein Problem: »Die einzelnen sehen das Gute und weisen es zurück; die Öffentlichkeit will das Gute und sieht es nicht.« Nach Rousseau sind die Individuen nicht dumm, sondern schlecht. Das Volk als Ganzes hingegen sei nicht schlecht, sondern dumm, anfällig für die Verführung durch Interessengruppen. (Ein Grund, weshalb Rousseau ein Gegner politischer Parteien war.) Das erinnert an die bereits diskutierte Unterscheidung zwischen »Wildheit« und »Roheit«.

Den Politikern obliegt es, den schlauen Wolf zu zügeln und das dumme Schaf aufzuklären. Der Witz ist natürlich, daß der Wolf und das Schaf in ein und demselben Menschen stecken. Die Spannung zwischen dem Privaten und dem Öffentlichen definiert den Demokraten. Strenggenommen ist der Gesellschaftsvertrag ein Vertrag, den der Mensch mit sich selbst schließt: eine Verpflichtung, die der Citoyen, Mitglied der Gemeinschaft, mit sich als Privatperson eingeht. Doch letzten Endes entschließt er sich dazu aus Eigeninteresse. Der Mensch bleibt immer ein Wolf im Schafspelz.

Auch im großen ganzen lassen sich das Private und das Öffentliche nicht voneinander trennen. Die Gesellschaft kennt keine Prosperität, wenn ihre Untertanen keine Prosperität genießen – wobei umgekehrt das Wohl aller einzelnen noch nicht zum Wohl des Staates führt. Die Spannung zwischen Teil und Ganzem hält den Motor am Laufen.

Paradoxerweise besteht die beste Garantie für das Gemeinwohl in der größtmöglichen Differenz zwischen den jeweiligen Eigeninteressen. Je größer die Unterschiede, desto allgemeiner das Ergebnis der Abstimmung. Zur Einheit bedarf es einer möglichst großen Uneinigkeit!

Die Stärke der Demokratie

Der Volkswille bildet die Richtschnur bei der Verfassung von Gesetzen. Doch wie läßt sich der Gemeinwille feststellen? In einer Demokratie steht niemand über den Parteien. Es gibt keinen Punkt, von dem aus das Gemeinwohl bestimmt werden könnte. Auch die Gesetzgeber selbst unterstehen dem Gesetz. Die Legitimität des Gesetzes ist fortwährend Gegenstand einer Diskussion, welche die definitive Festlegung des Willens verhindert.

Diese Schwäche ist zugleich die Stärke der Demokratie. Sie gedeiht gerade im Gequake für und wider, in der nie ablassenden Debatte darüber, was des Volkes Wille sei. In der Demokratie ist der Konflikt institutionalisiert. Jede Lösung ist eine vorläufige. Demokratie ist nichts als das Produkt einer Reihe böotischer Versuche, die Demokratie in den Griff zu bekommen.

4 Der Wahn der Wahl

Das Paradox der Demokratie

In der Demokratie liegt die Herrschaft beim Volk. Doch was ist das Volk, wenn nicht eine Menge von Untertanen? Das Volk kann aber nicht gleichzeitig Herrscher und Untertan sein. So hindert sich das Volk selbst daran, ein Volk zu werden. Das ist die Dummheit der Demokratie.

Das Paradox tritt während der ureigensten demokratischen Prozedur zutage: Während der Wahlen, die darauf ausgerichtet sind, den Volkswillen zu bestimmen, zerfällt das soziale Gebäude in eine Menge asozialer Idioten. Bei den Wahlen geht es nicht um die Qualitäten des Individuums, sondern um den rein quantitativen Mechanismus des Zählens. Der Bürger wird auf ein Element einer numerischen Menge reduziert. Kurzum, in dem Moment, wo das Volk tatsächlich Macht ausübt, hört es als Einheit auf zu bestehen.

Die Wahlen

> Von allen Staatsformen, sofern in ihnen das Gesetz geachtet wird, ist die Demokratie die schlechteste, sofern jedoch das Gesetz nicht geachtet wird, ist sie die beste von allen.
>
> Plato, *Der Staatsmann*

> Die Demokratie ist das schlechteste aller möglichen Systeme; das Problem ist nur, das es kein besseres gibt.
>
> Winston Churchill

Bei den Wahlen ist es mit der Vernunft nicht weit her. Man denke bloß an den Einfluß des Wetters auf das Ergebnis: Je schöner das Wetter, desto mehr Wählerstimmen, desto stärker der Trend nach links. Wähler der Linken sind Schönwetterwähler. Dies gilt jedoch nur in Ländern mit ungünstigen Wetterbedingungen ... Merkwürdigerweise wird dieser Aspekt in den Abhandlungen, die Montesquieu, Grotius, Rousseau und andere über den Einfluß klimatischer Bedingungen auf die jeweilige Regierungsform verfaßt haben, übergangen.

Man denke ferner an die Bürger. Die Kandidaten handeln aus Eigeninteresse. Ihnen geht es um Macht, Geld oder die Befriedigung ihres Idealismus. Überdies ziehen sie alle Register der Rhetorik; sie spekulieren auf die Angst, Unzufriedenheit, Geldgier, mit einem Wort auf die Affekte der Wähler.

Die Wähler selbst sind nicht besser. Sie lassen sich von ihren individuellen, alles andere als demokratischen, sondern vielmehr anarchistischen, auf Eigennutz abzielenden Auffassungen leiten. Zudem lassen sie sich von ihren Gefühlen mitreißen. Sie sind anfällig für Demagogie und allerlei Provokationen. Ein unvorhergesehener oder manipulierter Vorfall, zum Beispiel ein Skandal kurz vor den Wahlen, kann über die Zukunft des Landes entscheiden. Und wer außer Fachidioten nimmt überhaupt noch Notiz von den Parteiprogrammen?

Die Idealisten, die dennoch aus demokratischem Ehrgefühl wählen, werden von den anderen als Deppen verlacht. Schlimmer noch: Solche Prinzipienreiter können sogar eine Gefahr für die Demokratie bilden. Diejenigen, die die Demokratie rationalisieren wollen, die den Wähler vor der Stimmabgabe einem Intelligenztest unterziehen möchten, streben eine Diktatur des Intellekts an. Würden wir vor den Wahlen die Vergangenheit der Kandidaten durchleuchten, würden wir die Bürger auf ihre Kenntnisse der Politik examinieren, so bekämen wir eine organisierte Demokratie nach dem Modell der ehemaligen sozialistischen Republiken, wo die eigentlichen Wahlen vor den Wahlen stattfanden.

Die Idiotie spricht also nicht gegen die Demokratie. Ganz im Gegenteil, die Demokratie besteht dank der Idiotie. Das Streben nach vollkommener Vernünftigkeit würde zu antidemokratischen Maßnahmen führen. Die Demokratie gelingt nur im Mißlingen, in den vergeblichen Versuchen, eine reine Demokratie zu sein. Doch dies funktioniert nur unwissentlich. Deshalb tun wir, als ob die Wahlen das Nonplusultra der Demokratie wären.

Demokratie ist eine Fiktion. In Wirklichkeit gibt es nur asoziale Idioten. Aber ohne die Fiktion der Demokratie könnte die faktische Demokratie nicht existieren. Der Schein der Demokratie ist die Demokratie.

Die Dummheit herrscht dort, wo jeder allmählich fest daran glaubt, daß die Demokratie existiere und die Wahlen ihren Höhepunkt bildeten.

Die Wahlmaschine

Die Paradoxien der Demokratie werden in der Science-Fiction-Erzählung »Franchise« (1955; deutsch: »Wahltag im Jahre 2008«) von Isaac Asimov auf die Spitze getrieben. In einer fernen Zukunft erzählt ein alter Mann, daß im alten amerikanischen Wahlsystem jeder seine Stimme abzugeben pflegte. Wer die meisten Stimmen bekam, war gewählt. Doch weil das Wahlverfahren zuviel Zeit in Anspruch nahm, wurden Maschinen erfunden, die die ersten abgegebenen Stimmen mit der Abstimmung vorangegangener Jahre verglichen, um das Endergebnis vorherzusagen.

Die Maschinen brauchten dazu immer weniger Stimmen, und schließlich reichte dem Multivac eine einzige Stimme, um über alle lokalen und nationalen Wahlen entscheiden zu können. »Multivac wägt alle bekannten Faktoren ab, Millionen, vielleicht Milliarden. Ein Faktor allerdings ist nicht bekannt, und das ist das menschliche Gehirn mit seinen Reaktionen.«

Was sich mithin der Rationalisierung entzieht, ist das amerikanische Volk, der Daseinsgrund der Demokratie. Anhand eines einzigen beliebig ausgewählten Bürgers kann Multivac jedoch die Gedankenwelt aller anderen Amerikaner ausloten. So wird Norman Muller, gewöhnlicher Angestellter eines kleinen Ladens in Bloomington, Indiana, vom Computer Multivac zum Wähler des Jahres gekürt.

> »Multivac hat Sie als die am meisten dem Durchschnittsamerikaner entsprechende Person dieses Jahres ermittelt. Nicht als die klügste oder stärkste oder glücklichste, sondern als die am meisten typische Person. An der Richtigkeit von Multivacs Ermittlung gibt es keinen Zweifel, darüber sind wir uns wohl einig, nicht?«

Aber Norman will die Verantwortung nicht tragen. »Warum ich?« Seine Frau Sarah antwortet: »Multivac hat dich ausgewählt. Es ist Multivacs Verantwortung. Jeder weiß das.« Trotzdem wird dieser eine Wähler für die Wahl des Präsidenten verantwortlich gemacht – und auch für dessen mögliche Fehler. Wie geschehen im Falle des Gärtners Humphrey, »der nicht darum gebeten hatte, daß man ihn auswählte. Warum sollte er mehr Schuld gehabt haben als die anderen? Jetzt ist sein Name ein Fluchwort geworden.« Sarah weist Norman jedoch darauf hin, daß es ihm Ruhm und einen Haufen Geld einbringen könnte. »Das ist doch nicht der Zweck, ein Wähler zu sein, Sarah.« »Für dich ist es der Zweck.«

Um zu verhindern, daß Politiker, Geschäftsleute oder Fanatiker ihn beeinflussen, darf Norman sein Haus nicht mehr verlassen. Er darf weder Zeitung lesen noch fernsehen, da er Multivac »in einem möglichst ausgeglichenen, normalen Gemütszustand« vorgeführt werden soll.

Das Wahllokal befindet sich in einem Krankenhaus: »Wenn nötig, können Sie den ganzen Tag bei uns bleiben, damit Sie sich an diese Umgebung gewöhnen und von der Vorstellung frei machen können, daß an dieser Prozedur etwas Ungewöhnliches ist, etwas Klinisches.« Sein Körper wird an eine »unheimlich« erscheinende Maschinerie angeschlossen, die Blutdruck, Herzschlag und Gehirntätigkeit registriert. »Sie werden es nicht einmal spüren.« Die Ärzte betonen, es handele sich nicht um einen Lügendetektor, sondern um Apparate, die messen sollen, wie tief ihn die fragliche Angelegenheit jeweils berührt. »Er wird Ihre Gefühle besser verstehen und beurteilen können als Sie selbst.« Der Multivac, den Norman im übrigen gar nicht zu Gesicht bekommt, stellt skurrile, banale Fragen: »Was halten Sie vom Eierpreis?«

Aus Geldgier kommt Norman seiner Pflicht nach und verhält sich als ein Demokrat. Doch allmählich bestimmt, neben dem persönlichen Gewinn, etwas anderes seine Gedanken:

> »Ein unvermuteter Patriotismus begann sich in ihm zu regen. Schließlich repräsentierte er die gesamte Wählerschaft. Er war ihr Brennpunkt. An diesem Tag verkörperte er die gesamte Nation! [...] Plötzlich fühlte sich Norman Muller wichtig. Die Verantwortung lastete mit ihrem ganzen Gewicht auf seinen Schultern. Er war stolz. In dieser unvollkommenen Welt hatten die souveränen Bürger

der ersten elektronischen Demokratie durch ihn, Norman Muller, wieder einmal frei und ungehindert ihr Wahlrecht ausgeübt.«

Asimovs Erzählung ist nicht so sehr eine Karikatur der Demokratie, als vielmehr eine Imitation der Verrücktheiten, die im Herzen der Demokratie schlummern.

Beim Versuch, die Wahlen zu rationalisieren, kommt die Maschine nicht ohne den Wähler aus. Der Wähler ist der Torheitsfaktor in der Demokratie. Indem sie sich auf einen Wähler beschränkt, macht die Maschine einerseits Schluß mit parteipolitischen Auseinandersetzungen, andererseits verhindert dieser eine Wähler, daß die Menschen sich dem blinden Staatsapparat entfremden. Die Demokratie bekommt durch Norman menschliche Züge. Sein Name wird zum Synonym für Erfolg oder Mißerfolg des Präsidenten. Die Ironie besteht kurzum darin, daß der Wähler für das Wahlergebnis verantwortlich gemacht wird! So hält sich die Maschine schön heraus. Der Wähler wird zum Alibi für den in jeder Hinsicht ungreifbaren Staatsapparat, dessen Autorität auf der Angst der Bürger beruht.

Um die Risiken zu begrenzen, wählt Multivac den Wähler. Normans Rolle ist jedoch rein formal. Er hat nichts zu melden. Die Maschine beläßt ihn aber in dem Glauben, daß seine Stimme von entscheidender Bedeutung sei. Die Erzählung läßt sich darum auch lesen als Veranschaulichung der Phantasie, daß die individuelle Stimme den Ausschlag gäbe, und nicht die Summe aller Stimmen. Der Bürger wählt, als lastete die ganze Demokratie auf seinen Schultern. Bei den Wahlen kommt sich jeder wie ein Fürst vor.

Der besondere Status, den jeder Wähler sich selbst beimißt, wird durch die Argumentation relativiert, mit der die Wahl des Wählers des Jahres begründet wird. Norman wird als der Amerikaner schlechthin erkoren. Damit scheint ihm eine unmögliche Aufgabe aufgebürdet zu sein. Norman ist stumm vor Staunen. Was hat er, was andere nicht haben? Paradoxerweise unterscheidet sich Norman durch das, was den meisten Amerikanern miteinander gemein haben. Der Multivac hat es auf die Norm in Norman abgesehen. Seine Originalität liegt darin, daß er am wenigsten originell ist – er ist ungewöhnlich gewöhnlich, einzigartig in seiner Banalität. Gerade weil er am wenigsten ein besonderer Mensch ist, ist er der Amerikaner schlechthin.

Das Subjekt der Demokratie ist nicht der intelligenteste, sondern der durchschnittlichste Mensch. Das ganze System dreht sich um einen Idioten, der, in seiner Mittelmäßigkeit, alle repräsentiert. Der »durchschnittliche Amerikaner« ist natürlich eine Phantasiegestalt; der Durchschnittsmensch bekommt zum Beispiel 1,8 Kinder. Wie alle Extreme ist auch der Mittelwert ein Ideal, dem kein Individuum völlig gerecht wird, auch Norman Muller nicht. Aber seine stereotype Reaktion auf die Rolle, macht ihn gerade zum idealen Kandidaten. In seinen egoistischen Vorbehalten ist Norman die Verkörperung des Durchschnitts. In diesem Bürger begegnet sich das amerikanische Volk als engstirniges, asoziales Wesen.

Zwar läßt sich durch den Multivac nicht der typische Amerikaner klinisch erforschen, dafür aber das Ringen eines willkürlichen Untertans mit jener Rolle. Das geht auch aus der perversen Anweisung der Ärzte hervor: Sei normal. Strenggenommen kann Normans Geist nicht gemessen werden, doch Normans Reaktionen auf die unmögliche Aufgabe, er selbst zu sein, können durchaus untersucht werden. Gerade die Angst und die Unsicherheit über seine Identität bilden den meßbaren Kern seines Wesens.

Schließlich beginnt Norman, an seine Aufgabe zu glauben, und so genügt er rückwirkend der Definition des wahren Staatsbürgers.

Der Wahn der Wahl

Ein Links- oder Rechtsextremist verletzt zwar die demokratischen Normen, läßt aber das Fundament der Demokratie unangetastet. Hingegen stellen Wahlen eine direkte Bedrohung für die Demokratie dar, weil sie keine Rebellion, sondern eine *legitimierte*, demokratische Auflehnung gegen die Demokratie bedeuten. Das Volk, das der Regierung unterworfen ist, wird zum Herrscher über die Gesetzgeber und öffnet so einen Abgrund, in dem die Ordnung verschwindet. Wahlen bedeuten nicht nur das Ende der auf Zeit Regierenden, sondern auch einen Selbstmord der Demokratie.

Wenn jedoch diese Phase der Selbstdestruktion vorbei ist, wenn die Schlange sich selbst verschlungen hat, resultiert sie in eine neue Ordnung.

So gesehen ist jede Demokratie ihre eigene Karikatur, eine Demokratie gewordene Anarchie. Die Demokratie gründet auf einer selbstverleugnerischen, legitimierten Idiotie.

Damit die Demokratie ihre Glaubwürdigkeit nicht einbüßt, muß diese selbstdestruktive Kehrseite verschleiert werden. Dummheit funktioniert nur ungesehen. Zugleich muß diese Dummheit zum Zuge kommen, denn sie bildet das Fundament der Demokratie. Darum muß die pathologische Selbstdestruktion, die die Kehrseite der uneigennützigen Selbstaufopferung darstellt, von Zeit zu Zeit an die Oberfläche treten.

Die Demokratie zeigt ihre Stärke, indem sie während der Wahlen einem Ausbruch von Idiotie Raum gibt. Nur der Wille zur Dummheit, der Wille, sich dem irrationalen Zufall auszuliefern, ermöglicht die Demokratie.

Das Risiko bleibt indessen bestehen, daß die Wahlen zu einer Anarchie ausarten, die der Demokratie definitiv ein Ende setzt. Deshalb darf der Ort der Macht, welcher der Ort der Idiotie ist, nicht zu lange unbesetzt bleiben.

Allerdings wird die Demokratie noch von einer anderen Gefahr bedroht.

Der Ort der Macht

Brekekekex, koax, koax!
Brekekekex, koax, koax!

Aristophanes, *Die Frösche*

Die Demokratie beruht auf dem Glauben, daß die vom Volk aufgrund ihrer Qualitäten Gewählten mit Vernunft regieren werden. Doch wer beurteilt die Qualitäten desjenigen, der die Qualitäten beurteilt? Es gibt keine letzte Garantie für die Eignung der Herrscher.

Wer in der Demokratie das Volk repäsentiert, kann niemals die Ordnung dominieren, da er ein Untertan bleibt, der von anderen beurteilt wird. Die Demokratie wird also von einer unüberschreitbaren Grenze definiert, die die Untertanen daran hindert, den Ort der Macht ein für allemal zu besetzen. Die Demokratie kommt einer permanenten Übergangsperiode gleich, einem fortwährenden Interregnum. Die Hinnahme dieser immanenten Unmöglichkeit ist charakteristisch für die Demokratie. Das Wahlergebnis berechtigt einen Untertan, die Macht auf Zeit auszuüben, als Stellvertreter eines unmöglichen Herrschers. Er hat den Status eines Bevollmächtigten. (Claude Lefort, *L'Invention démocratique*, Paris 1981)

Damit die Minister nicht an ihren Sesseln kleben bleiben, sprechen wir voller Geringschätzung über die Raffkes in Berlin, Den Haag oder Paris, über die hauptstädtische Arroganz, die hohen Herren usw. So erinnern wir uns selbst und die Regierenden an den Abgrund, der sie vom Ort der Macht trennt.

Weil niemand die unmittelbare Verkörperung des Volkes sein kann, muß der Ort der Macht leer bleiben. Die Herrscher auf Zeit besetzen bloß die Leerstelle einer unmöglichen Souveränität.

Der Ort der Macht hat rein symbolischen Charakter; er kann nicht von einer realexistierenden politischen Machtfigur besetzt werden, ohne die Demokratie in eine Diktatur zu verwandeln. Erfolgreiche Politiker stellen die größte Gefahr für die Demokratie dar!

Der Terror

Wir müssen uns um die Demokratie bemühen –
und verhindern, daß sie sich verwirklicht.

Fallor, frei nach Robert Musil

Auf karikaturistische Weise wird das Paradox der Demokratie von den Jakobinern zu Zeiten der Französischen Revolution veranschaulicht. Der Terror beruhte auf der Illusion einer radikalen Vernichtung der korrupten feudalen Tradition und der Erschaffung eines Neuen Menschen *ex nihilo*. Daß es sich um eine Illusion handelt, geht aus dem Zirkelschluß hervor: Das Volk bürdet dem Nationalkonvent (den Vertretern des Volkes) die Aufgabe auf, das Volk zu konstituieren. Die Illusion sollte verhüllen, daß das Volk nicht das Produkt einer Vernunftentscheidung, sondern von irrationaler Gewalt ist. Keinem war dies so sehr bewußt wie den Jakobinern selbst.

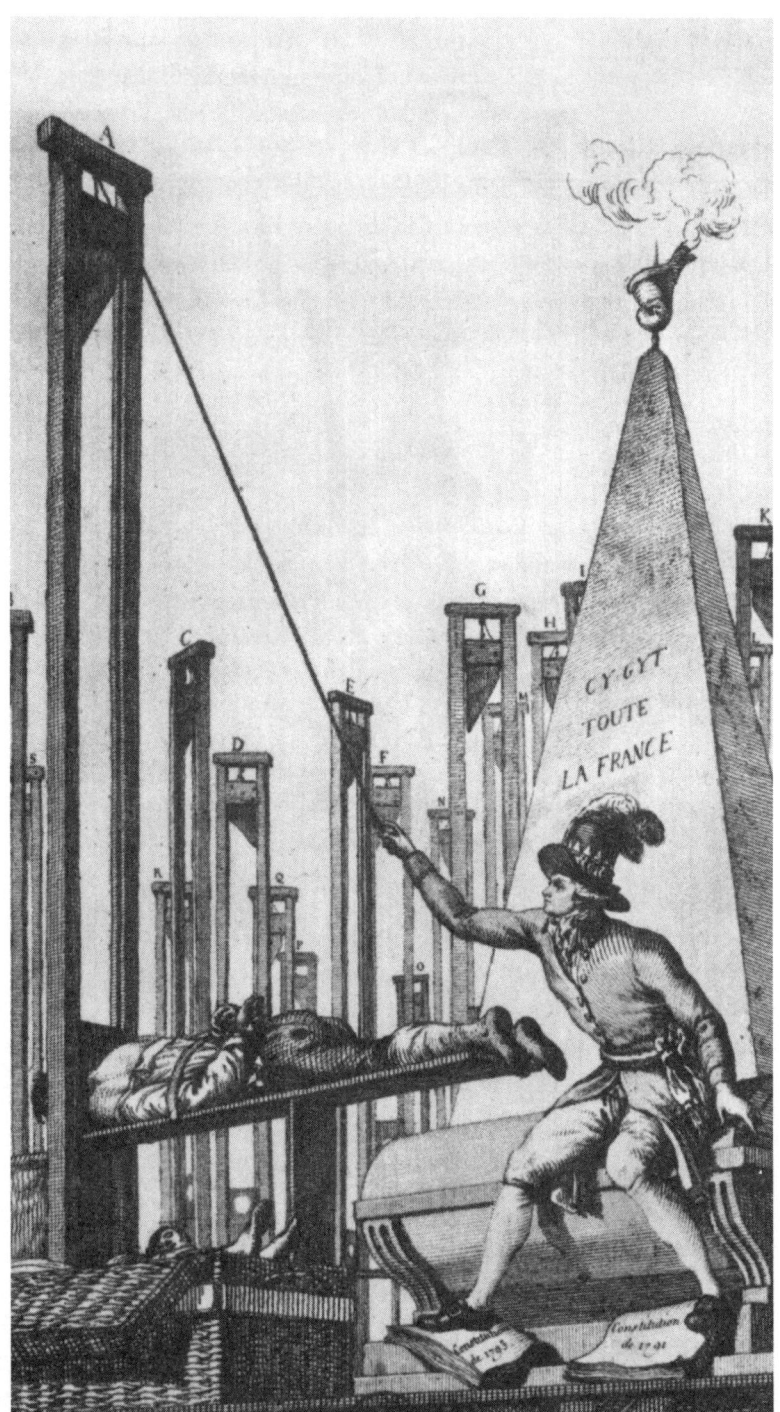

Robespierre guillotiniert den Henker, nachdem er alle Franzosen hat guillotinieren lassen.

Anonym (1794)

Die verbrecherische Kehrseite des Gesetzes kommt zum Ausdruck in dem Witz: »Gibt es hier noch Henker? Nein, den letzten haben wir gestern geköpft.« Auch Robespierre sollte schließlich unter dem Fallbeil sterben.

Die Legitimation der Schreckensherrschaft wurde von Saint-Just auf den Begriff gebracht: »Niemand kann unschuldig regieren.« Jeder, der als Instrument des Volkes regiert, macht sich die Hände schmutzig. »Der Terror ist darin revolutionär, daß er jedem verbietet, den Ort der Macht zu besetzen; und in diesem Sinne kommt ihm ein demokratischer Charakter zu« (Claude Lefort). Dies ist auch der Grund dafür, daß viele lieber ihren Kopf verloren als Terror auszuüben. »Wir sind nicht tugendhaft genug, um so schrecklich zu sein« (Saint-Just). Die Jakobiner befürchteten, daß sie, als Vollstrecker des Terrors im Dienste des Volkes, selbst von einem heimlichen Eigennutz getrieben sein könnten.

Der Witz ist jedoch, daß die Position, von der aus die Jakobiner verhindern, daß der Ort der Macht besetzt wird, eben der Ort absoluter Macht ist. Es gibt kein Entrinnen. Früher oder später mußten auch ihre Köpfe unter der Guillotine rollen. Der Held der Revolution ist grundsätzlich ein Verräter, weil er sich von den anderen unterscheidet. Daher der Teufelskreis des Terrors; eine endlose Riege von Demokraten, die sich gegenseitig den Kopf abschlagen. Die Revolution ist eine Schlange, die ihre eigenen Kinder und schließlich sich selbst frißt.

Der Stupor

Jede politische Ordnung kennt die totalitäre Verführung. Doch das Streben nach vollkommener Vernünftigkeit wird von einer Idiotie untergraben, auf die jede Form der Organisation früher oder später stößt, eine ungreifbare Idiotie, die das System zu einer Karikatur herabzuwürdigen droht. Einerseits kann Idiotie der Demokratie zum Verhängnis werden. Es besteht die Gefahr, daß die Wahlen zu einer Anarchie ausarten, die der Demokratie definitiv ein Ende setzt. Der Ort der Macht darf nicht zu lange leer bleiben.

Andererseits kommt die Demokratie nicht ohne Idiotie aus. Es besteht die Gefahr, daß jemand sich des Ortes der Macht bemächtigt und die Ordnung zu einer erstickenden Diktatur ausarten läßt.

Die Demokratie wird kurzum von Panik und von Betörung bedroht, zwei Formen des Stupor (der Terminus ist etymologisch mit dem Wort »Stupidität« verwandt). Zuviel Idiotie führt zur Torheit, zu wenig zur

Verdummung. Es kommt also darauf an, sich die Idiotie vom Leibe und sie sich zugleich warmzuhalten.

Wie läßt sich das Dilemma der Demokratie umgehen? Indem man der Dummheit selbst Platz einräumt. Die konstitutionelle Monarchie ist hier die Lösung.

5 Von Fröschen, Klötzen, Schlangen und Masken

Der Klotz im Sumpf

Les grenouilles croassaient, coassaient et coaxaient,
quoi que c'est?

Jean-Pierre Brisset, *Les origines humaines* (1913)

Die Demokratie läßt sich nur vermittels eines Untertans verwirklichen, der die Ungereimtheit der Demokratie personifiziert: der König. Der Fürst verkörpert nicht nur das Volk, er versteht es, das Volk zu einer Einheit zusammenzuschmieden, indem er die Unmöglichkeit des Volkes verkörpert. In seiner Deplaziertheit führt der König die Dummheit der Demokratie, die sich um ihn dreht, das Scheitern, vor dessen Hintergrund die Demokratie erst zum Erfolg werden kann, handgreiflich vor Augen.

Die Inthronisierung eines Fürsten bedeutet keine Aufhebung der Leerstelle der Macht. Als offensichtliche Anomalie wahrt der Fürst den

Die Frösche wollen
einen König haben
von Gustave Doré

Raum, in dem die Demokratie stattfinden kann. Im Gegensatz zum Jakobiner, der selbst den Ort der Macht besetzt, indem er ihn entleert, schützt der Fürst die Leerstelle, gerade indem er sie besetzt.

Der König verhindert, daß die Machthaber auf Zeit an ihren Sesseln kleben bleiben. Da die Funktion des Fürsten rein negativ ist, sind seine Qualitäten unerheblich und muß die Frage, wer Fürst sein soll, dem Zufall der Zuchtwahl und der Fortpflanzung überlassen werden. Nur so wird die Nichtigkeit seiner Person kenntlich.

Der geheiligte Raum

Der Fürst ist grundsätzlich ein Betrüger; er ist jemand, der per Zufall auf der Leerstelle der Macht landet und anschließend so handelt, als verkörperte er das rätselhafte Volk. Seine faszinierende Autorität verdankt der Fürst nicht seinen Qualitäten, sondern dem Umstand, daß er einen geheiligten Raum innerhalb der demokratischen Ordung besetzt.

Um seinem Charisma ein Ende zu setzen, müssen wir die Kluft zwischen dem Fürsten und diesem Ort aufdecken. Die Demaskierung setzt der Macht des Fürsten ein Ende, aber nicht der Leerstelle, die er besetzt. Der Ort des Mangels kann nicht aufgehoben werden, da ihm infolge der immanenten Torheit der Demokratie strukturelle Notwendigkeit zukommt.

Hinter des Kaisers Kleidern verbirgt sich nicht der nackte Körper des Fürsten, sondern die Leerstelle der Macht.

Cartoon von Kamagurka

La poire

von Philipon (1830)
Spottbild des Bürger-
königs Louis-Philippe,
der wegen seiner Gestalt
den Beinamen »die Birne«
trug. »Poire« bedeutet
im Französischen auch:
Dussel.

Der Spielraum

Quoi? Dis donc, dis donc pourquoi?

Jean-Philippe Rameau, *Platée*

Einerseits verhindert der Fürst, daß Regierende auf Zeit den Ort der
Macht dauerhaft besetzen. Andererseits gewährleistet der Fürst während
der Wahlen die Kontinuität der Demokratie. (Daß das Gegenteil ebenfalls möglich ist, stellte sich heraus, als der belgische Fürst wegen eines
neuen Abtreibungsgesetzes vorübergehend zurücktrat und die Demokratie die Kontinuität der Monarchie gewährleistete!)

Ohne einen Fürsten verkommt die Ordnung zur Anarchie, in der
niemand seines Platzes sicher ist, oder zur Diktatur, in der jedem ein
fester Ort und eine feste Rolle zugewiesen sind. Der Fürst öffnet den
Raum, in dem die Bürger sich verwirklichen können, ohne einen Krieg
aller gegen alle zu entfesseln.

Das Subjekt der Demokratie

Dem Kaiser, was dem Kaiser gebührt. Als Subjekt im Sinne eines Unter-
tans, eines Teils des sozialen Körpers, soll man so tun, als ob der Fürst das
Gesetz verkörpert, damit man sich als Subjekt im Sinne einer autonomen
Person bewähren kann.

Paradox dabei ist, daß die Bürger ihre Freiheit nur dann erlangen,
wenn sie sich einer Person unterwerfen, in die sie ihren freien Willen

projiziert haben – dem Staatsoberhaupt. Der Widerspruch liegt bereits im Wort »Subjekt«, das sowohl Untertan als autonome Person bedeutet: Das Subjekt besteht nur in freiwilliger Knechtschaft.

Der Staatskörper

Im Alltag stehen die Bürger dem ungreifbaren Staatsapparat gegenüber, der ihr Leben ohne ihr Mitwissen koordiniert. Subjekte überwinden die Verfremdung, indem sie so tun, als wäre der Staat in der Figur des Fürsten fleischgeworden.

Der Fürst fügt dem objektiven Gesetz das subjektive »Ich will« hinzu und transformiert die Meinung der Minister in eine Entscheidung des Staates. Mit seiner Unterschrift macht er die Gesetze zu seiner persönlichen Willensäußerung. Dies ist auch die Logik von leeren Gesten wie Winken, Kinderküssen und Grundsteinlegen.

Doch sobald sich der König in den Inhalt der Gesetze einmischt, überschreitet er eine Grenze, die ihn von seinen Untertanen trennt, wobei der Staat sein menschliches Antlitz verliert und sich in eine erstickende Diktatur verwandelt.

Fürstenspiegel

On veut me faire roi constitutionnel, semblable à ces dieux des païens qui *os habent et non loquuntur*, qui *pedes habent et non ambulant*.

Wilhelm I., König der Niederlande, zu einer Delegation, die ihn 1829 bat, die Regierungsverantwortung den Ministern zu übertragen

Unser gesunder Menschenverstand sagt uns, daß der Fürst möglichst weise, kompetent und mutig sein soll. Das Gegenteil trifft jedoch zu. Die Kluft zwischen seiner symbolischen Rolle und seiner tatsächlichen Befähigung könnte nicht groß genug sein. Die große Gefahr für eine Demokratie besteht gerade darin, daß die Rolle und die Person des Für-

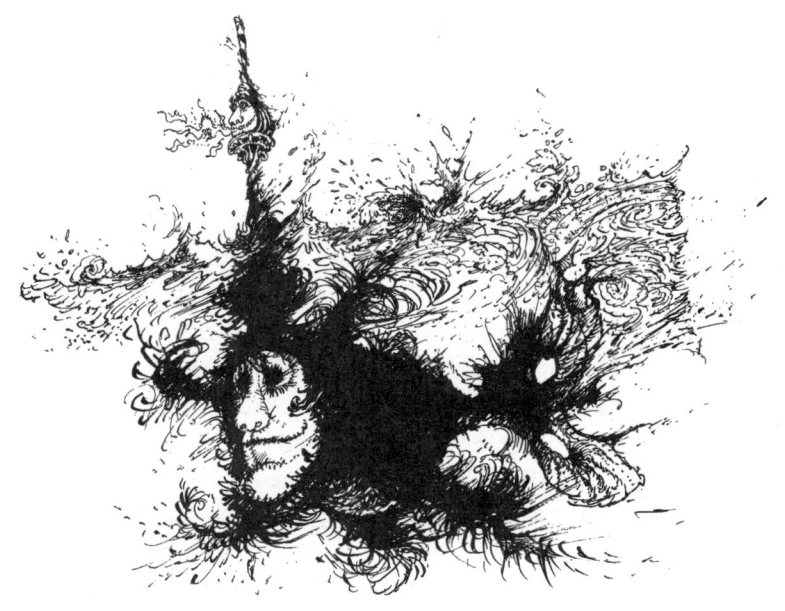

Die konstitutionelle
Monarchie

von Pim van Boxsel
(1969)

sten zur Deckung gelangen und so die Illusion entstehen könnte, seine
Autorität habe ihren Grund in der Vernunft. Der Klotz würde sich in
eine Schlange verwandeln.

Das Verhältnis zwischen Aufgabe und Begabung unterscheidet den
Monarchen auch von seinen Ministern. Die Minister werden wegen
ihrer Fähigkeiten gewählt. Sie erarbeiten den konkreten Inhalt der Gesetze. Der König dagegen bekleidet eine rein zeremonielle Funktion. Er
muß nur seine Unterschrift leisten. Aber damit hat er auch das letzte
Wort. Er herrscht nur dem Namen nach, aber in diesem Namen liegt seine Autorität.

Gerade weil es sich hier um eine törichte, rein formale Verrichtung
handelt, kann die Rolle des Staatsoberhaupts einem Idioten aufgetragen
werden, der aus einem irrationalen Grund wie dem der Geburt an diese
Position geraten ist. Der Fürst hat innerhalb der Staatsordnung eine
Ausnahmestellung inne, an der es kaum darauf ankommt, ob er dumm
ist oder nicht. Es ist sogar ein beruhigender Gedanke, daß die frühere
Königin Juliana, Prinzessin Irene und Prinz Charles sich mit Ufonauten,
Bäumen und Delfinen unterhalten.

Die konstitutionelle Monarchie ist ein rationales Ganzes mit einem irrationalen Element an der Spitze. Die Kluft zwischen dem Volk und dem

König bildet kein Hindernis, sondern eine Voraussetzung für die Demokratie. Die Ordnung bedarf einer Ausnahmeposition, welche die Entscheidung auf sich nimmt und die Ordnung wirkungsvoll macht.

Der Einwand republikanischer Kritiker der Monarchie, daß das Schicksal des Staates von den zufälligen Charakterzügen des Fürsten abhängig gemacht werde, wendet sich gegen sie; da seine Autoriät eine rein formale ist, kommt es nicht auf seine Qualitäten an.

Ein Präsident stellt hingegen eine viel ernstere Gefahr für die Demokratie dar: Das Risiko, daß wir an seine Vernunft glauben werden, ist groß. Ein König ist wenigstens offensichtlich deplaziert.

Wie um Mißverständnisse zu vermeiden, haben sich viele französische Präsidenten deswegen als Fürsten aufgeführt, wie ihre Rhetorik, ihre Triumphbögen und Kunsttempel dokumentieren. Auch anderweitig betonen sie ihre Irrationalität. Nicht nur Hitler und Stalin, sondern auch Churchill, Reagan und Mitterrand pflegten Astrologen zu konsultieren.

Pinocchio

Es war einmal ... »Ein König!« rufen meine kleinen Leser
sogleich. Nein, Kinder, da habt ihr euch geirrt. Es war einmal
ein Stück Holz.

Carlo Collodi, *Pinocchios Abenteuer* (1881)

Pinocchio ist ein Junge, der zu nichts taugen will. Er ist »aus Holz«, herzlos, er ehrt seine Eltern nicht. Im Verlauf der Geschichte weist er jedoch allmählich Zeichen von Menschlichkeit auf. Wenn er Lügen erzählt, wächst seine Nase, was auf das Vorhandensein eines Gewissens deutet. Doch erst nachdem er Pflichtbewußtsein und aufrichtige Liebesgefühle an den Tag gelegt hat, verwandelt er sich in einen Menschen aus Fleisch und Blut. Neben sich auf dem Stuhl findet er sich als Marionette wieder.

Das Märchen illustriert den idealen Entwicklungsgang des konstitutionellen Monarchen. Um einen Kurzschluß zwischen seiner symbolischen Rolle und seinen Qualitäten zu vermeiden, muß er zunächst ein Klotz sein. Sodann muß er die Fähigkeit erlangen, zwischen sich als Privatperson und als öffentlicher Person zu unterscheiden. (In diesem Zusammenhang ist es bemerkenswert, daß die spätere Königin Wilhelmina als junge Prinzessin eine spezielle Gouvernante für ihre Puppen hatte!)

Der Fürst muß klug genug sein, sich dumm zu stellen. Bei öffentlichen Auftritten hat er sich als Marionette zu benehmen, als Holzkopf, um klarzustellen, daß er eine Rolle spielt. Er darf keine wirklichen Gefühle zeigen, seine Eltern nur formell ehren. Der endgültige Beweis seiner Eignung ist der unwillkürliche Ausdruck seiner Schamgefühle. Doch um zu verhindern, daß seine Nase allzusehr auffällt, muß er seine Auftritte möglichst kurz gestalten.

Aus Fernsehinterviews mit dem niederländischen Kronprinzen geht hervor, daß er aus dem richtigen Holz geschnitzt ist. Sein hölzernes Benehmen, seine Gemeinplätze (»langue de bois«), seine Unbeugsamkeit (wenn es um die Jagd, Religion oder die Ehe geht) lassen ihn für die Funktion eines konstitutionellen Monarchen bestens geeignet erscheinen.

Der Mißerfolg als ratio cognoscendi

Behüte uns vor intelligenten Königen! Charles I. hat den Kopf verloren, Charles II. sein Land an die Franzosen verkauft. Hören Sie auf zu denken! Wenn Sie unzufrieden sind, verzichten Sie doch auf den Thron!

Ratschlag des Boulevardblattes *The Sun* an Prinz Charles III.

Der Fürst muß sich als einziger nicht bewähren, da er von Natur her ist, was er kulturell ist. Seine soziale Stellung wird von einer biologischen Gegebenheit bestimmt: Er ist König von Geburt.

Die Untertanen dagegen haben keine Genealogie. Sie sind verwaist, sie sind nur soviel wert, wie sie aus sich machen. Sie müssen sich bewähren. Der Mißerfolg, die Diskrepanz zwischen dem, was sie tun, und dem, was sie sein sollten, ermöglicht nun gerade eine Bewertung.

Zudem wird man sich seiner demokratischen Pflichten nur bewußt durch das Bewußtsein, bei der Erfüllung derselben zu scheitern. Sonst würde man als Marionette handeln, und nicht als freies Subjekt. Der Mißerfolg ist die *ratio cognoscendi* der Demokratie.

Hoe RVD-directeur Eef Brouwers de Koningin souffleert

Doorgaan · Oppassen · Niet beantwoorden

Wie Presseamtschef Eef Brouwers Königin Beatrix souffliert: »Weitermachen«, »Vorsicht«, »Kein Kommentar«.

Von Johan van Dijk
Aus: *Privé*

Doch der Fürst kann und darf nicht nach seinen Qualitäten beurteilt werden; sonst würde seine Autorität in Frage gestellt. Wenn der Fürst sich andauernd bewähren müßte, würde er zum Untertan des souveränen Volkes. Auch deshalb muß die Entscheidung, wer an der Spitze des Volkes steht, dem irrationalen, biologischen Faktum der Herkunft überlassen bleiben. Der Fürst ist ein Erfolg von Geburt. Seine Taten lassen sich nicht an einem Ideal, an dem, was er tun sollte, messen, denn der Fürst ist von Natur her das Ideal. Der Fürst kann nicht gegen das Gesetz verstoßen, da sein Wort Gesetz ist. Er ist, was er symbolisiert. Oder besser gesagt: Sollte er dies vielleicht auch nicht sein, die Untertanen sind dazu verpflichtet, so zu tun, als verkörperte er das Gesetz.

Die allergrößte Gefahr für die Autorität des Fürsten stellen jedoch die begeisterten Anhänger dar, die Beweise für seine Weisheit beibringen, um seine Rolle zu rechtfertigen. Wer dem Fürsten Gehorsam leistet, nicht weil er ein Fürst, sondern weil er ein Genie oder ein Manager ist, macht sich der Majestätsbeleidigung schuldig. Er stellt sich über den Fürsten. Er untergräbt die Autorität, die ein Produkt blinden Gehorsams, und nicht von rationalen Argumenten ist.

Ich will

Das Urteil des Monarchen ist nicht gesetzlich festgelegt. Er leitet seine Autorität von einem freien, unabhängigen Entschluß her. Der Fürst »will« dieses Gesetz, nicht weil dieses Gesetz gut ist; das Gesetz ist gut, weil der Fürst es so will. Er folgt nicht dem Licht der Vernunft, sondern seinem grundlosen Willen. Er weiß, was er will, kann aber nicht erklären, warum, falls er dies überhaupt darf. Die unverantwortete Idiotie ist das Prärogativ des Fürsten. Und das funktioniert, solange sein Entschluß rein formalen Charakter hat.

Die Willenserklärung des Fürsten ist ein von der Verfassung legitimierter Verstoß gegen das demokratische Verfahren. Der König, der dem demokratischen Gesetz unterworfen ist, wird vorübergehend Herrscher über das Volk. Seine im Grunde feudale Handlung setzt dem unendlichen Gequake für und wider das Gesetz ein förmliches Ende. Seine Willenserklärung unterminiert zwar die Souveränität des Volkes, fundiert jedoch im gleichen Zug das neue Gesetz. Die Demokratie kommt nicht ohne das Jawort des Fürsten aus.

Der Torheitspunkt

Der König markiert den Torheitspunkt innerhalb der Demokratie. Der Fürst fasziniert nicht durch seine Fremdheit, sondern weil er gerade an die verborgene Kehrseite der Demokratie erinnert: die asoziale, selbstzerstörerische Freiheit, welche die Einheit zugleich verhindert und begründet.

Der Fürst gibt nicht den Volkswillen wieder. Der Fürst stiftet die Einheit, indem er die egotistische Torheit verkörpert, die der Einheit im Wege steht. Gerade das (nach demokratischen Standards) Unvollkommene des Fürsten, der Punkt, an dem der konstitutionelle Monarch absolute Züge aufweist, reizt die Phantasie. Als Hindernis erinnert der König daran, daß die Demokratie die geronnene Form einer ursprünglichen Torheit ist, die jeden Moment wieder hervorbrechen könnte. Die Bürger werden zur Einheit in ihrer Faszination für den einen autoritären Untertan, der die immanente Unmöglichkeit der Einheit veranschaulicht. Indem er in seiner Idiotie an das wacklige Fundament der Demokratie erinnert, hält er die Ordnung aufrecht. Ohne den Fürsten würde der Staat zusammenbrechen.

Die Demokratie besteht nur in der Reihe von vergeblichen Versuchen, mit der Idiotie ins reine zu kommen, die in der Gestalt des Fürsten domestiziert ist. Mit dem König zelebrieren wir die Dummheit der Demokratie.

L'État c'est moi

Der Monarch repräsentiert nicht etwa eine in den Menschen vorhandene Ordnung, sondern er stiftet die Ordnung aus dem Nichts. Er ist ein Symbol, durch das der symbolisierte Inhalt erst existiert. Der Fürst ist kein Weiser, der die Möglichkeiten sähe, die bereits im Volk beschlossen lägen; mit einer vollkommen irrationalen Geste weiß er die unförmige Masse zu einem vernünftigen Ganzen zu transformieren.

Der König ist also nicht nur ein Symbol der Gemeinschaft, ästhetisches Beiwerk, die »Krone des Ganzen«. Er verkörpert den Staat auf nicht-symbolische Weise: Der König in seiner irrationalen Präsenz *ist* der rationale Staat. In seinem Körper erhält der Staat seine Zweckmäßigkeit.

Die faszinierende Präsenz des Fürsten macht uns blind für den bürokratischen Apparat, der die Ordnung strukturiert. Das ist freilich noch nicht alles, denn die Bürokratie kann nur durch einen Idioten, *in* der irrationalen Gegenwart des Fürsten wirkungsvoll werden. Die Ordnung ist unlöslich mit diesem einen Untertan verbunden, der, in seiner Idiotie, die Ordnung ist.

Ohne König keine Demokratie. Die Einheit ist immer eine Einheit von Gegensätzen. Die rationale Ordnung kann nur dann zustandekommen, wenn sie in der irrationalen Gestalt des Fürsten verkörpert wird. Die zentrale Gestalt, in bezug auf die das Volk seine Einheit und Identität erlangt, deckt sich mit dem Punkt, der die Demokratie verhindert.

Gerade als Idiot, der sich nicht auf die Demokratie zurückführen läßt, der seinesgleichen nicht kennt, rettet der Fürst die Demokratie. Doch die Subjekte (im doppelten Sinne des Wortes) übersehen zwangsläufig, wie sehr ihre Existenz mit diesem ihnen wesensfremden Idioten verknüpft ist; sie betrachten sich selbst als das Wesentliche und den Fürsten als bizarres, folkloristisches Beiwerk.

Stupor mundi

Du sublime au ridicule il n'y a qu'un pas.

Thomas Paine, *Age of Reason* (1793),
zitiert von Napoleon auf seiner Flucht aus Rußland.

Der Fürst ist eine Beleidigung des demokratischen Prinzips, das alle Bürger als gleiche behandelt. Die Reduktion der Demokratie auf einen König übersteigt das Vorstellungsvermögen des Republikaners und ruft eine Entgeisterung hervor, die den wahren Demokraten definiert.

Einerseits verhindert der König die totale Demokratie, andererseits gewährt er *ex negativo* eine Vorstellung davon, wie eine wahre Demokratie aussehen könnte. Der Witz dabei ist natürlich, daß die Demokratie lediglich in den fehlgeschlagenen Versuchen besteht, die Demokratie zu verwirklichen. Deshalb müssen wir beide Perspektiven in einem Zusammenhang sehen: In seiner Absurdität verleiht der Fürst dem Mißerfolg, der die Demokratie im Grunde ist, einen Körper. So gesehen ist der erhabene Fürst ein lächerlicher Narr, ein Klotz, der die Leerstelle der Demokratie besetzt.

Zu sagen, niemand sei ein wahrer Demokrat, wäre verfehlt. Es würde suggerieren, ein Demokrat ohne Fehl und Tadel wäre möglich. Doch der wahre Demokrat besteht nur in den fehlgeschlagenen Versuchen, ein wahrer Demokrat zu sein. Und in seiner Idiotie materialisiert der Fürst diese Unmöglichkeit. Das Geheimnis des Fürsten liegt im Mißlingen der Demokratie.

6 Des Kaisers Kleider

Esse est non percipi

Das Nicht-Gewußtsein der Realität liegt im Wesen ihrer.

Alfred Sohn-Rethel, *Geistige und körperliche Arbeit* (1972)

Die Welt existiert dank einer Dummheit, die grundsätzlich nur dann funktioniert, wenn sie nicht erkannt wird. Die Verkennung ist mithin produktiv. Die Existenz der Welt impliziert ein Nichtwissen: *Esse est non percipi.*

Sein ist, nicht wahrgenommen zu werden.

Die Illusion ist eine zweifache: Sie macht uns nicht sosehr blind für die Wirklichkeit, vielmehr existiert die wie selbstverständlich gegebene Wirklichkeit dank einer Fiktion, die die Realität strukturiert, unter der Voraussetzung, daß sie nicht erkannt wird.

In der Wirklichkeit übersehen wir also die Illusion und die Idiotie, die in ihr domestiziert ist. Die Offenbarung der Illusion impliziert die Enthüllung der Idiotie.

Die Demokratie kann nur funktionieren, insofern wir blind sind für ihre Wahrheit: den Antagonismus infolge eines rücksichtslosen Freiheitsdrangs. Die Verkennung der wahren Natur der Demokratie ist wesentlicher Bestandteil der Demokratie. Sobald wir die Idiotie sehen, löst sich die Welt auf. Der Schein ist dem Sein also inhärent. Es gibt keine konstitutionelle Monarchie ohne Mystifizierung. Der Schein regiert die Ordnung.

Wie Eulenspiegel den
Landgrafen von Hessen malt

Der Landgraf von Hessen beauftragt Eulenspiegel, den großen Saal seiner Burg mit Gemälden »von dem Herkommen der Landgrafen von Hessen« auszustatten. Zudem soll er darstellen, »wie die verwandt waren mit dem König von Ungarn und andern Fürsten und Herren; und wie lang das gestanden hat«.

Till und seine Gesellen verbringen die Zeit damit, den Vorschuß von hundert Gulden zu verspielen. Nach einer Weile möchte der Landgraf sehen, wie die Arbeit vorankommt. Till warnt ihn: »Wer nit recht ehelich geboren ist, der mag mein Gemäld nit wohl sehen.«

Vor die Wand war ein Tuch gespannt, das Till nun zur Seite zog. Mit einem weißen Stäblein zeigte er auf die Figuren aus dem Geschlecht des Landgrafen, die bis zu seinen römischen Vorfahren zurückreichten.

Der Graf dachte sich: Ich bin wohl ein Hurenkind, ich sehe ja nur eine weiße Wand. Er sprach jedoch: »Lieber Meister, uns genügt wohl an Euer Arbeit, doch han wir nit genug Verstand, sie zu beurteilen.«

Der Graf wollte mit seiner ganzen Ritterschaft zurückkehren, um zu erfahren, welche seiner Diener ehelich oder unehelich waren; die Lehen der letzteren wären dem Grafen verfallen!

Unterdessen besichtigte die Gräfin mit acht Jungfrauen und einer Törin das Werk des Künstlers. Keine von ihnen konnte etwas erkennen, doch alle schwiegen. Schließlich sprach die Törin: »Liebster Meister, nun sehe ich nichts von Gemäld, und sollt ich all mein Lebtag ein Hurenkind sein.« Da dachte sich Eulenspiegel: Wenn die Narren anfangen, die Wahrheit zu sagen, mache ich mich besser aus dem Staub.

Till beschwindelt die Leute nicht einfach, indem er eine frei erfundene Genealogie malt. Er geht subtiler zu Werke. Till betrügt sie, indem er vorgibt, das Geheimnis der Macht verberge sich hinter dem weißen Tuch. Dabei ist dort nichts zu sehen. So aber enthüllt er die Wahrheit: Hinter dem Vorhang entdecken wir, daß der Betrug das Fundament der Macht ist. Dies genau soll ein Geheimnis bleiben, wenn die Ordnung nicht aus den Fugen geraten soll. Der Schein ist das Sein! Das ist die Genealogie, oder besser: die Antigenealogie der Macht. Die Wahrheit der Macht steckt nicht hinter, sondern in dem Vorhang. Das Sein ist nicht außerhalb dieses Vorhangs, der vorgibt, nur eine Hülle zu sein.

Das Tuch verhüllt, daß es nichts zu verhüllen gibt. Hinter dem Vorhang ist nichts zu sehen; doch dieses Nichts als solches gilt es zu sehen: Hinter dem Vorhang verbirgt sich die Möglichkeit der Illusion. Der Vorhang läßt Raum für Projektionen. Deshalb läßt sich der Vorhang nicht ungestraft wegziehen.

Till enthüllt nicht nur, daß es nichts zu sehen gibt. Hinter dem Vorhang entdecken die Untertanen, daß das Geheimnis der Macht in ihrer eigenen Faszination besteht, in ihrem Staunen angesichts der erhabenen Gestalt des Fürsten: *stupor mundi*. Hinter dem Vorhang finden die Bürger kurzum sich selbst vor. Die Entdeckung, daß die Bürger selbst das Fundament der Macht bilden, wäre jedoch fatal. (Hier wäre der Vergleich mit dem Radsportler angebracht, der an seine Grenzen geht. Die Einsicht, daß die Medaille ein Vorwand ist, sich selbst zu bekämpfen, wäre demoralisierend.)

Die Enthüllung der Grundlage der fürstlichen Macht setzt nicht nur der Illusion und der Unwissenheit ein Ende, sondern auch der Ordnung, die darauf beruht. Die Dummheit funktioniert nur unwissentlich. *Esse est non percipi.*

Die Körper des Fürsten

Der Fürst verdankt sein Charisma der dummen Gewohnheit, dem symbolischen Ritus. Das ist das mystische Fundament seiner Autorität. Um uns des Fürsten zu entledigen, brauchen wir nur die Ordnung aufzulösen. Sobald der Mechanismus, der dem König seine charismatische Autorität verleiht, demaskiert wird, verliert die Person ihre Macht. Wir durchschauen die Leere, das Zeremonielle seiner Rolle und die Banalität der Person. Nicht die Todesstrafe, sondern die Behandlung als gleicher durch seine Untertanen erscheint als schlimmste Strafe für den Fürsten.

> »Ihr braucht ihn weder zu stoßen noch zu stürzen, ihr braucht ihn nur nicht mehr zu halten und zu stützen – und er fällt in sich zusammen, so wie jeder Koloß, wenn man ihm nur sein tönernes Bein weghaut, in sich zusammenstürzt und sich selber unter der Last seines eigenen Gewichts begräbt.«

Die Unterscheidung, die Étienne de la Boétie in seinem *Discours de la servitude volontaire* (ca. 1550) zwischen der symbolischen Rolle und der nackten Person trifft, läßt ein besonderes Phänomen außer acht. Die symbolische Rolle verdoppelt den Körper des Monarchen zu einem sichtbaren, vergänglichen und einem anderen, ungreifbaren Körper. Nicht nur wird der Leib des Fürsten zum Träger eines erhabenen Körpers. Wenn wir den Fürsten nur lange genug als Fürsten behandeln, erfahren gerade seine alltäglichen Eigenschaften eine Transsubstantiation, und sie werden zum Objekt des Staunens, des Stupor. (Ernst Kantorowicz, *The King's Two Bodies*, Princeton 1957)

Aufgrund seiner Versehrbarkeit geht vom Körper eine Faszination aus, bildet er eine Vermittlungsinstanz zwischen dem Menschlichen und dem Göttlichen. Wenn die Königin Fahrrad fährt, ist das nicht die normalste Sache der Welt, sondern es ist ungewöhnlich gewöhnlich. Gerade als normaler Mensch ist sie außergewöhnlich. Je dümmer, desto göttlicher. Die königliche Familie zeigt ihre Kraft und ihr Selbstbewußtsein, indem sie sich möglichst banal benimmt. Ehebruch, Fahren mit überhöhter Geschwindigkeit, Verschwendung, Depressionen, Alkoholismus, all dies trägt zum Glanz des Königshauses bei. Je mehr der König sich als ganz normaler, in alltägliche, törichte Leidenschaften verstrickter

Mensch zu erkennen gibt, desto mehr wird er zum König. Das ist der Grund, wieso auch Verspottung seine Macht nicht gefährdet, sondern diese nur bekräftigt. Selbst der Mord am Fürsten macht seinem mystischen Körper nicht den Garaus. Warum taucht dieser erhabene Körper auf? Woher diese Faszination?

Freiwillige Knechtschaft

> Er hat auch nur einen Leib, nur zwei Augen, nur zwei Hände, genau so wie der geringste Mann in irgendeiner der volkreichen Städte. Er hat keinem von euch das Geringste voraus – außer der Übermacht, die ihr selber ihm zulegt, auf daß er euch verderbe. Ihr selber leiht ihm die Augen, die euch bespitzeln.
>
> Étienne de la Boétie, *Discours de la servitude volontaire*

Um uns vom Fürsten zu erlösen, müssen wir nur aufhören, ihn als einen Fürsten zu behandeln: »nicht durch einen Akt der Befreiung, sondern bloß und allein dadurch, daß ihr in euch den Wunsch heget, frei zu sein.« Wer die Freiheit will, hat sie; Wunsch und Erfüllung sind ein und dasselbe. Aber:

> »sollte es vielleicht so sein, daß die Menschen die Freiheit nur deshalb verschmähen, weil sie, um die Freiheit auf der Stelle zu erhalten, nicht mehr aufzubringen brauchten als den bloßen Wunsch dazu? Ist es nicht, als weigerten sie sich, das Herrliche zu ergreifen, nur weil ihnen die Besitzergreifung allzu leicht wäre?«

Wir verlangen nach dem Verlangen, nicht nach der Erfüllung. Die Erfüllung steht dem Verlangen im Wege. Das erklärt die Verstrickung der Untertanen in das Paradox der freiwilligen Knechtschaft. Und so erhellt sich auch das Verhältnis zwischen dem Fürsten und der Demokratie.

Der erhabene König, dessen Wille Gesetz ist, der unseren »rücksichtslosen Freiheitsdrang« zügelt, ist ein Kunstgriff zur Rettung der Demokratie. In der Phantasiegestalt des Fürsten, der der Demokratie im

Wege steht, veräußerlichen wir das immanente Mißlingen der Demokratie. Der König verhindert eine Demokratie, die strukturell unmöglich ist. So bewahren wir uns die Illusion, ohne dieses Hindernis vollkommen frei sein zu können. Inzwischen hüten wir uns, den Fürsten aus dem Weg zu räumen, da dies den fiktiven Charakter der Einheit zutage fördern würde. Gerade als nicht integrierbare Figur gewährleistet der Fürst die Demokratie. Diese gedeiht nur im Kontrast zu dem einen Untertan, der die Unmöglichkeit der Ordnung verkörpert.

Sein mystischer Körper vergegenständlicht nicht etwa eine unsterbliche Volksidentität, sondern den Mißerfolg, der die Demokratie im Grunde ist. Sein faszinierender Körper ist ein Stück Nichts, die Positivierung der Negativität der Demokratie.

Die freiwillige Knechtschaft ist eine Art und Weise, das Verlangen zu retten. Der Wille zur Macht hingegen läuft sich tot.

König des Volkes

> Das Geheimnis des Königspalasts ist,
> daß es kein Geheimnis gibt.

Als Untertanen sind wir zwangsläufig Opfer der Illusion, daß der Monarch schon an sich ein Monarch sei. Die Einsicht, daß seine Macht auf blinder Anbetung beruht, würde nicht nur der Macht des Fürsten, sondern auch dem Volk, das sich um ihn zusammenschließt, ein Ende setzen. Deshalb legitimiert der Fürst seine Macht mit dem Hinweis auf eine außerhalb der Demokratie verankerte Autorität: Gott oder eine mystische Vergangenheit. Mit der Zeit glauben alle daran.

Gilt dies aber auch nach dem Ende der Ideologien? Die frühere niederländische Königin Juliana war zweifelsohne ein Objekt der Faszination, doch Beatrix scheint sich nicht mehr auf den Mechanismus der Transsubstantiation zu verlassen und klammert sich ans Zeremoniell. Einerseits nimmt sie sich selbst von jeher zu ernst, andererseits glaubt sie nicht genug an ihre Fürstlichkeit, um ganz beruhigt normal sein zu können. Sie scheint die Distanz zu kultivieren, was sich, wie auch die Windsors belegen, eher nachteilig auswirkt. Prinzessin Diana, die »Prinzessin des Volkes«, dagegen hatte einen sicheren Instinkt für den Mechanismus; deshalb konnte sie es sich leisten, in Haute Couture gehüllt Leprakranke zu umarmen.

Der niederländische Kronprinz Willem-Alexander ist wieder ein Fall für sich: Er scheint zu sehr auf ein Wunder zu vertrauen. Man muß zuerst ein Fürst sein, um sich als Prolet benehmen zu können – nicht umgekehrt. Es gibt jedoch noch Hoffnung, denn als er gefragt wurde, wen er zum Vorbild erkoren habe, antwortete er zunächst: »Niemand. Ich bin, der ich bin«, um sodann nicht Beatrix, sondern Juliana zu nennen, die wahre Königin des Volkes.

In gewisser Hinsicht paßt Willem-Alexander am besten zur Demokratie. Wo Beatrix sich mit aller Kraft als Fürstin zu bewähren sucht, schließt das hölzerne Auftreten des Kronprinzen jede Verwechslung seiner Person mit der Rolle des Fürsten aus. Im Volksmund trägt er nicht von ungefähr den Spitznamen »Wilhelm der Dumme«.

Des Kaisers neue Kleider

Das Wirkungsprinzip der konstitutionellen Monarchie wird durch Hans Christian Andersens Märchen »Des Kaisers neue Kleider« auf wunderbarste Weise veranschaulicht. Zwei Betrüger behaupten, sie könnten ein Tuch herstellen, so fein, daß es für Dumme und Menschen, die nicht für ihr Amt taugen, unsichtbar sei. Da der Kaiser erfahren möchte, wer alles in seinem Reich dumm und unfähig ist, bestellt er neue Kleider.

Der Witz ist natürlich, daß dieses Tuch nicht existiert, und daß der Kaiser in seinen neuen Kleidern nackt ist. Doch jeder, auch der Kaiser, tut so, als wäre der Kaiser bekleidet, weil niemand als dumm gelten möchte. Genau das ist die Logik der konstitutionellen Monarchie. Die Monarchie beruht auf dem Verschweigen einer Idiotie: Der Fürst erhält fürstliche Züge, weil wir ihn als Fürsten behandeln, nicht weil er von Natur her etwas Fürstliches an sich hat, im Gegenteil: Der Kaiser ist ein ganz gewöhnlicher Sterblicher, der aufgrund von an sich wenig noblen Vorgängen wie Zuchtwahl und Fortpflanzung an die Spitze eines Volkes geraten ist.

Wir tun freilich, als verfügte der Fürst über noble Eigenschaften, und machen uns selbst auf diese Weise blind für seine eigentliche Rolle, die rein formalen Charakters ist: Er muß die Ordnung zusammenhalten.

Rex.   Ludovicus.   Ludovicus rex.

Dem Märchen zufolge machte der Kaiser sich nichts aus Staatsangelegenheiten, der Armee, Kunst oder Vergnügungen, sondern nur aus Kleidern. Das beweist, daß er ein guter Kaiser war. Er weiß, daß seine Macht sich um die äußere Erscheinung dreht, nicht um den geistigen Inhalt.

Und um zu ermitteln, ob seine Untertanen dies auch wissen, stellt er sein Volk bei jedem öffentlichen Auftritt auf die Probe. Nur diejenigen, die den Schein zu wahren vermögen, taugen für ihre Rolle in der Gesellschaft. Der Dummkopf dagegen hat keinen Sinn für den Nutzen des Anstands und entlarvt sich in seiner Reaktion auf den Fürsten selbst.

Fälschlicherweise wird das Märchen mitunter als eine Geschichte vom Triumph des unschuldigen Kindes über die Anmaßungen der Erwachsenenwelt gelesen. Nur Kinder, Narren oder Trunkenbolde sind so unverschämt, die »Wahrheit« auszuposaunen, ähnlich den republikanischen Kritikern der Monarchie, die sich an die nackten Tatsachen zu halten wünschen, wobei sie über den Mechanismus der Macht hinwegsehen, dem auch sie ihren Status verdanken.

(An dieser Stelle fehlt eine Betrachtung über die Rolle der modernen Kunst bei der Erprobung des Vermögens, etwas zu sehen, wo nichts ist, oder wenigstens des Vermögens, so zu tun, als sähe man etwas – der beiden Kräfte, die die zivilisierte Welt zusammenhalten: die Phantasie und ihre Schwester, die Höflichkeit! Kultur ist das Produkt einer Reihe mehr oder weniger gelungener Versuche, den Schein zu wahren. Wo das Publikum sich nicht mehr befleißigt vorzugeben, es sei von den ausgestellten Kunstwerken beeindruckt, droht auch der Demokratie Gefahr.)

Auch Till sagt nicht, daß die Macht auf nichts beruhe. Er überläßt die Entscheidung dem Publikum. Das weiße Tuch ist ein Zeichen: Paß auf, was du sagst; sagst du zuviel, bricht die Ordnung zusammen. Durch seine List stellt Till den Hof auf die Probe. Er prüft die Einbildungskraft der Bürger, ihr Vermögen, etwas zu sehen, wo nichts ist, bzw. die Höflichkeit zu sagen, man verstehe nichts davon. Der Staat wird von Bürgern zusammengehalten, die so tun, als wäre die Ordnung fundiert. Der Schwindel regiert die Ordnung. Nur Dummköpfe haben nicht den Anstand, sich dumm zu stellen.

Der hypothetische Dummkopf

Die Weber stehen Rede und Antwort zu ihrem unsichtbaren Stoff; sie nennen die Farben beim Namen und beschreiben das seltsame Muster. Der beaufsichtigende Minister leitet die Auskunft an den Kaiser weiter. Schon bald sprechen die Leute über die herrlichen Farben und die Qualität des Tuches, ohne daß sie es jemals zu Gesicht bekommen hätten: »Es ist so leicht wie Spinnweben. Man sollte meinen, man habe nichts am Leibe, aber das ist gerade das Gute daran!«

Genaugenommen bestehen die Kleider nur aus Sprache. Die Sprache webt die feinste Textur. Nicht die Fakten, sondern das Gerede ist von Bedeutung. Das Gerücht bildet den unsichtbaren Stoff, der die Ordnung zusammenhält.

Wenn man die Kleider des Fürsten nur lange genug bejubelt, wird schließlich jeder an sie glauben. So gesehen folgt die »Fürstwerdung« der Logik der sich selbst erfüllenden Prophezeiung.

Doch die Geschichte Andersens ist subtiler. Die Untertanen argumentieren folgendermaßen: Wir sind nicht verrückt, wir wissen ganz genau, daß der Kaiser mit nacktem Arsch dasteht. Aber es wird bestimmt Dummköpfe geben, die glauben, der Fürst sei von Natur her fürstlich. Und um zu vermeiden, daß wir ein Opfer der Machthaber werden, lohnt es sich trotzdem, des Kaisers Kleider zu lobpreisen.

Hier haben wir das ganze Problem der Dummheit in nuce. Der Dummkopf ist immer der andere. Wir verlachen insgeheim den Trottel, der so dämlich wäre, an die Kleider zu glauben. Währenddessen bestimmt dieser nicht existierende Dummkopf unser Tun und Lassen. Sicherheitshalber lobpreisen wir die Kleidung, und so werden wir alle zu dem Dummkopf, vor dem wir uns so sehr fürchten.

Das ist das Paradox des nicht existierenden Dummkopfs, der dennoch Wirkung erzielt. Der wirkliche Dummkopf ist jedoch ebensowenig der hypothetische Dummkopf, den es nicht gibt, wie der ängstliche Mitläufer, der sich seines Platzes innerhalb der Ordnung immerhin sicher sein kann; der wirkliche Dummkopf ist der aufgeklärte Bürger, derjenige, der sich dagegen sträubt, das Gerücht über die Kleidung zu glauben, derjenige, der sich an die nackte Wahrheit zu halten wünscht, derjenige, der sich weigert, an die Macht eines nicht existierenden Dummkopfs zu glauben. Und ausgerechnet dieser aufgeklärte Dummkopf schließt sich den republikanischen Kritikern der Monarchie an und muß schließlich dran glauben.

Auch der Untergang wird vom Gerücht eingeleitet. Der Umstehende sagt nicht: »Ich sehe, daß der Kaiser nackt ist«, er sagt: »»Er hat nichts an‹, sagt da ein kleines Kind.« Zwischen dem Gerücht und der Macht des »anderen« besteht ein enger Zusammenhang. Auch die Gräfin von Hessen in der Eulenspiegel-Geschichte sagt nicht, sie sehe nichts, sondern der andere sehe nichts: »Gnädiger Herr, es gefällt mir so wohl als Euer Gnaden. Aber unser Törin gefällt es nit, sie spricht, sie säh kein Gemäld, desgleichen auch unser Jungfraun«, und fügt hinzu, sie befürchte, »es sei Büberei in der Sach«.

Die Sprache begründet die Illusion und bereitet ihr ein Ende: Nicht die empirische Wahrheit, sondern das Gerücht trennt das Gewebe wieder auf.

Wer hat es nicht gewußt?

Der Witz ist, daß jeder, einschließlich des Kaisers, weiß, daß er mit nacktem Arsch dasteht. Das unbedarfte Kind, das in aller Öffentlichkeit ruft, daß der Kaiser nackt ist, enthüllt eine für alle ersichtliche Tatsache. Wie aber kann es dann sein, daß die Feststellung einer Evidenz eine derart katastrophale Auswirkung hat? Die Enthüllung bedeutet nicht nur das Ende des Kaisers, sondern auch des Reiches, das sich um ihn dreht. Wenn jeder es wußte, wer hat es dann nicht gewußt?

Die klassische Antwort lautet: Der Staat, der vom Fürsten verkörpert wird, weiß es nicht. Der Fürst in seiner Eigenschaft als Fürst muß taub, blind und stumm bleiben; der Fürst als Privatperson darf es derweil halten, wie er will. Wer diese beiden Dinge verwechselt, ist reif für die Anstalt.

Der Fürst muß uns gegenüber den Schein wahren. Das ist der Grund dafür, daß der Kaiser im Märchen mit seinem nackten Hintern eisern seine Prozession fortsetzt. Doch auch die Bürger in ihrer Rolle als Untertanen müssen sich auf den Betrug einlassen. Solange alle so tun, als wäre der Fürst bekleidet, wird das Volk zusammengehalten. (Umgekehrt liegt der Fall des Sanitäters Klinger in der Fernsehserie »M.A.S.H.«; solange seine Kameraden und Vorgesetzten im Feldlazarett die Frauenkleider ignorieren, die er trägt, damit er für dienstuntauglich erklärt wird, bleibt die Disziplin der Truppe gewährleistet.)

Drei Epochen der Dummheit

Der Mensch
ist eine Frucht.

Homo pomo est.

P. C. Hooft

Mit Hilfe von Peter Sloterdijk und Slavoj Žižek (*Denn sie wissen nicht, was sie tun*, Wien 1994), einem Autor dessen verworrenen Büchern ich unendlich viel verdanke, lassen sich in der Entwicklung der Dummheit grob gesprochen drei Epochen ausmachen.

Zunächst die *klassische Dummheit*, die durch eine grundsätzliche Naivität gekennzeichnet ist. Hier trifft der Bibelspruch zu: »Herr, vergib ihnen, denn sie wissen nicht, was sie tun.« Das Bild, das sich der Dummkopf von der Realität macht, stimmt nicht mit den Tatsachen überein. Er schwebt in den Wolken und ist blind für die Wirklichkeit. Indem wir den Schleier zerreißen, enthüllen wir ihm die nackte Wahrheit.

Für die *moderne Dummheit* indessen gilt: »Herr, sie wissen nicht, was sie tun, und das ist auch besser so …« Der Schleier verhüllt nicht den

Anonym, Titelblatt zu Adrianus Poirter, *Het masker van de Wereldt afgetrocken* (1646)

Hinter der Maske von Fräulein Welt verbirgt sich die Medusa. Die Demaskierung der Welt und die Enthüllung der versteckten Wahrheit würden uns erstarren lassen.

wahren Sachverhalt, sondern es verhält sich umgekehrt: Die Realität existiert dank einer Illusion. Der Schein strukturiert unsere Realität, solange die Illusion nicht wahrgenommen wird. Die Einsicht in die Illusion würde nicht nur der Dummheit und dem Wahn, sondern auch der Welt ein Ende setzen, die sich um sie dreht. *Esse est non percipi.* (Sein ist, nicht wahrgenommen zu werden.)

Das läßt sich anhand von Raffaels Bildnis der *Fornarina* veranschaulichen. Wir sehen eine Frau, die sich einen durchsichtigen Schleier bis

La Fornarina
von Raffael (ca. 1519)

unter ihre Brüste hält. Warum dieser Schleier? Die klassische Erklärung lautet: Der Schleier macht den Bauch noch verführerischer. Doch wer genauer hinsieht, erkennt, daß der Schleier fleischfarben ist – und dann wird ihm die schreckliche Wahrheit dämmern. Der Schleier verbirgt keinen verführerischen Bauch, der Bauch selbst ist ein Schleier, der die Eingeweide dem Blick entzieht. (Das erinnert an den Spruch, mit dem die Jesuiten sündige Gedanken zu vertreiben suchten, wenn sie einer schönen Frau ansichtig wurden: Der Mensch ist ein Sack aus Leder, gefüllt mit Scheiße.) Man darf also nicht zu viel wissen, um nicht mit Wahnsinn geschlagen zu werden.

Auch diese Art der Dummheit ist allerdings überholt. Die bisherigen Definitionen gehen von der klassischen Idee aus, daß der Dummkopf die Realität verkenne. Wir haben es heute mit einer *postmodernen* (landläufig: »pomo«) Dummheit zu tun. »Herr, sie wissen, was sie tun, und tun es trotzdem.« Es scheint, als sei die Dummheit von gestern. Der Postmodernist ist viel zu gewitzt, um seiner eigenen Rhetorik auf den Leim zu gehen. Er ist ein aufgeklärter Dummkopf. Er ist sich der Differenz von Schein und Sein sehr wohl bewußt, dennoch besteht er auf der Maske. Wir können den Postmodernisten nicht mehr mit seinem blinden Fleck konfrontieren, mit dem, was er unterschlägt, um recht zu behalten, weil er diese Diskrepanz von vornherein einkalkuliert hat.

Zum Beispiel in der Politik. Der Politiker schwindelt in aller Offenheit; niemand glaubt ihm; und er weiß das; und wir wissen, daß er es weiß, und auch das weiß er. Wo in dieser Allwissenheit sollen wir die Dummheit suchen? Wenn jeder es weiß, wer weiß es dann nicht?

Scheinbar sind wir in einem postideologischen Zeitalter angelangt, doch diese Schlußfolgerung wäre zu voreilig. Der Postmodernist läßt die Dummheit in ihrem grundsätzlichen Wirkungskreis unberührt: Sie wirkt in der Realität selbst, in dem, was wir tun, nicht in dem, was wir zu tun glauben.

Wir wissen nur zu genau, daß hinter der Macht des Fürsten Vereinbarungen stecken, doch in der Praxis tun wir, als wäre der König die Verkörperung des Volkes. Wir sind Dummköpfe in der Praxis. Die Dummheit hat ihren Sitz nicht im Denken, sondern im Zum-Trotz-Handeln.

Wir müssen die Dummheit mithin nicht länger auf der psychologischen Ebene suchen; der Dummheit haftet nichts Persönliches oder Spontanes an. Im Gegenteil, die Dummheit materialisiert sich in der täglichen Praxis. Die Dummheit liegt im Handeln beschlossen, deshalb läßt sie sich sogar an Maschinen delegieren.

Die Ruhmmaschine
(ohne staatliche Gewähr)

Um die Funktionsweise einer Maschine zu verstehen, die für uns die konstitutionelle Monarchie aufrechterhält, können wir uns einmal die Ruhmmaschine aus der gleichnamigen Erzählung von Villiers de L'Isle-Adam, *La machine à gloire* (1883), ansehen.

Der Ingenieur Baron Bathybius Bottom, »der Apostel des Nützlichen«, hat eine Maschine erfunden, die auf organische Weise RUHM produziert. Wie soll das aber gehen: mit Hilfe einer Maschine (einem physischen Instrument) Ruhm erreichen (ein intellektuelles Ziel). Um dieses Problem zu lösen, hat Bottom die Kunst des Claqueurs studiert, des Beifallklatschers, der angeheuert wird, um einem Theaterstück zum Erfolg zu verhelfen.

> »Jeglicher Ruhm hat seinen Claqueur, das heißt: seine Schattenseite, seine Zutat aus Betrug, Mechanik und Nichts (denn das Nichts ist der Ursprung dieser Dinge).«

Im Prinzip genügt ein Lacher, um den ganzen Saal mitzureißen.

> »Und da man nicht umsonst gelacht zu haben wünscht und sich auch nicht von einem anderen hat mitreißen lassen wollen, gesteht man, das Stück sei geistreich.«

Der Claqueur ist ein lebendiges Denkmal für das Unvermögen der Masse, selbst den Wert dessen zu beurteilen, was ihr zu Ohren kommt: »Der Claqueur ist für den Theater-Ruhm, was früher die Klageweiber für die Trauer.« In sogenannten primitiven Gesellschaften wurden Frauen bestellt, um während der Beerdigung an Stelle der Hinterbliebenen zu weinen. Durch die anderen erfüllten die Erben so ihre Pflicht, wobei sie sich währenddessen mit Wichtigerem aufhalten konnten – dem Streit über den Nachlaß. Man denke auch an die Rolle des Chors in der griechischen Tragödie. Die Zuschauer kamen ins Theater mit ihren eigenen Problemen, unfähig, mit den dargestellten Figuren mitzufühlen. Doch der Chor empfand Mitleid an ihrer Statt.

Bottoms Aufgabe war, den Claqueur durch ein zuverlässigeres Instrument zu ersetzen. Das große Problem bestand darin, in der Publikumsseele das Gefühl hervorzurufen, durch das der Geist der Mehrheit von sich aus die plumpen Ruhmesäußerungen der Maschine übernehmen würde.

Die Maschine, die Bottom erfunden hat, ist genaugenommen der Saal selbst. Jedes Stück, das in dem Saal zur Aufführung gelangt, wird ein Meisterwerk dank der vergoldeten Putten und Balkonkaryatiden, aus deren Mund nun Gelächter, Schluchzgeräusche und »Zugabe«-Rufe erklingen. Ferner sind Rohrleitungen installiert, aus dem Lach- und Tränengas dringt, Balkone mit eisernen Fäusten, um das Publikum wachzurütteln, sowie Wurfsysteme zum Abwurf von Kränzen.

Und dann vollzieht sich das faszinierende Phänomen, das die Applausmaschine rechtfertigt. Individuen stellen sich nicht gerne gegen die öffentliche Meinung. Jeder ist von dem Axiom überzeugt: »Der Mann hat Erfolg, also ist er, den Narren und Neidern zum Trotz, ein ruhmreicher und fähiger Geist. Wollen wir uns doch sicherheitshalber auf seine Seite schlagen, sei's auch nur, um nicht als Trottel dazustehen.« Das ist die stillschweigende Überlegung, die in der Atmosphäre des Saales mit Händen zu greifen ist.

> »Wie unbewegt der Zuschauer auch immer sein mag, er läßt sich ganz leicht von der allgemeinen Begeisterung mitreißen, wenn er hört, was um ihn herum geschieht. Das ist die ›force des choses‹. Bald wird er schallend und vollkommen kritiklos applaudieren. Er ist, so wie immer, einer Meinung mit der Mehrheit. Und wenn er könnte, würde er lauter Beifall spenden als die Maschine, aus Angst aufzufallen.«

Der Ruhm hält nun tatsächlich Einzug in den Saal. Und so verschwindet die illusorische Seite des Bottom-Apparates, indem es im Leuchten des Wahren aufgeht. Erwogen wird, den Apparat auch im Parlament einzusetzen …

Modernes Zeremoniell

Am Geburtstag der Königin herrscht
eine allgemeine Freude, die von niemandem
geteilt wird.

S. Carmiggelt

Was ist Fürstlichkeit? Den Kritikern zufolge ist Fürstlichkeit nichts als
Schein. Den Monarchisten zufolge handelt es sich um Fürstlichkeit,
wenn die bloße Erwähnung des Königshauses genügt, um den Leuten
Ehrfurcht einzuflößen. Unserer Ansicht nach manifestiert sich Fürstlichkeit in Zeichen, die für jedermann sichtbar sind: Volkslieder, Fähnchen,
Illustrierte. Je vielfältiger die Ausdrucksformen, zu denen der Fürst An-
laß gibt, desto größer die Fürstlichkeit des Fürsten, desto umfangreicher
die Ehrenbezeugungen, die er verdient.

Um die konstitutionelle Monarchie zu bejubeln, verfügen wir heut-
zutage über eine perfektionierte Version der Ruhmmaschine: das Fernsehen. Das Fernsehen macht das Vorhandensein von Fürstlichkeit in
Fürsten absolut überflüssig. Bislang werden jährlich ein oder zwei niederländische Ortschaften nominiert, die stellvertretend für die gesamte
Bevölkerung die Königin an ihrem Geburtstag ehren sollen. Der feierli-
che Empfang wird im Fernsehen direkt übertragen. Doch im Prinzip
würde es genügen, die Sendungen täglich zu wiederholen. Im Wissen,
daß das Fernsehen die Ehrenbezeugungen ausstrahlt, können wir die
Glotze ruhigen Gewissens ausschalten.

Wer ist also dumm? Wenn jeder es weiß, wer weiß es dann nicht? Die
Dummheit, die im Herdentrieb steckt, im Zeremoniell, ist an das Fernsehen delegiert. Das Fernsehen ist dumm für uns; es erfüllt die Pflichten,
die die Gesellschaft zusammenhalten. Das Fernsehen ist keiner Vernunft
zugänglich. So ist die Zukunft der konstitutionellen Monarchie ge-
sichert.

Wohlgemerkt: Ich klage nicht die Monarchie an oder die Demokratie,
und erst recht nicht die Kombination dieser beiden Arten von Dummheit in der konstitutionellen Monarchie. Ebensowenig breche ich eine
Lanze für die Irrationalität. Ich konstatiere lediglich die Unumgänglich-
keit ritueller Torheiten, in denen die Idiotie, die dem Kern unserer

Existenz unweigerlich innewohnt, domestiziert ist. Es gilt jedoch, das Bewußtsein für den fiktionalen Charakter der Welt wachzuhalten. Wahrhafte Dummheit herrscht dort, wo jeder alles für selbstverständlich hält.

Ausklang: Die Lachmaschine

In der Tradition Villiers' erklärt Slavoj Žižek die Funktionsweise der Lachkonserven im Fernsehen. Wozu diese Lacher? Zunächst erinnern sie uns daran, wann wir lachen sollen. Lachen ist eine Frage der Pflicht. *Ride si sapis.* Indem man lacht, zeigt man dem Nachbarn, daß man den Witz kapiert, daß man seiner Gesellschaft wert ist. Das Lachen verbindet die Besserwisser. Wir tun so, als wäre das Gezeigte lustig, und diese Heuchelei hält die Gemeinschaft zusammen.

Damit aber nicht genug: Meistens lachen wir nämlich nicht. Das ist freilich keine Katastrophe, denn die Lachkonserve befreit uns sogar von der Pflicht zu lachen. Sie lacht für uns. Also auch dann, wenn uns der Sinn nicht danach steht und wir wie betäubt auf den Bildschirm stieren, können wir im nachhinein doch sagen, wir hätten uns dank der Lachkonserven prächtig amüsiert. Währenddessen können wir an ganz andere Dinge denken, geistesabwesend sein, eine philosophische Reise unternehmen, die Schauspieler bemitleiden, was auch immer.

Gummbah
in *De tijd vliegt slecht*,
De Harmonie 1998

Axël, ein anderer Held von Villiers de l'Isle-Adam, hatte den Wahlspruch: »Leben, das tun die Bediensteten für uns.« Eingedenk dieses Spruches können wir sagen: Lachen, weinen, bemitleiden, das alles übernehmen die Maschinen für uns. Die Maschine erfüllt das dumme Zeremoniell, die rituellen Pflichten, die unsere Welt zusammenhalten.

Im übrigen hat man vor Jahren das Verhalten der Zuschauer bei Comedysendungen erforscht, die mit Konservenlachen unterlegt waren. Daraus ging hervor, daß die Testpersonen hinterher glaubten, sehr viel gelacht zu haben, während Videoaufnahmen, die von ihnen gemacht worden waren, das Gegenteil nachwiesen.

Wir nehmen die Welt, die uns im Fernsehen präsentiert wird, nicht sonderlich ernst. Als aufgeklärte Dummköpfe lehnen wir uns zurück. Dumm sein – das tut die Welt für uns. Dann können wir unterdessen weise sein für die Welt. Mit ironischer Distanz betrachten wir das törichte Treiben.

Dabei bestimmt dieser gigantische Witz unser Handeln und Denken, einschließlich des Gedankens, die Welt sei dumm und wir selbst aufgeklärte Zuschauer.

Anhang

Übersetzung der
fremdsprachigen Stellen

S. 16   Eugène Nus:

»Einer ist keiner, wenn er im privaten und im öffentlichen Leben
müßig ist. Ein Mann muß einer Beschäftigung nachgehen.«

»Ich habe da eine Beschäftigung«, antwortet Jacques.

»Und die wäre?«

»Inspektor menschlicher Dummheiten, und ich kenne
keinen, der so beschäftigt wäre wie ich.«

S. 23   Samuel Butler:

»Maß mittels Verticalvisiers,

Zu Grunde Faß und Humpen Biers,

Erwog durch seinen Sinus richtig,

Ob Butter sei und Brot vollwichtig;

So wie er durch Algebra wußte,

Wieviel der Seiger schlagen mußte.«

S. 54   Max Jacob:

»Aufgrund des Prinzips *Bis stultitia veritatem valet* hat man
behauptet, die Weisheit sei nichts als die Erinnerung an
vergangene Irrtümer.«

S. 57   Paul Valéry:

»Dummheit ist nicht meine Stärke.«

S. 64   Lézay-Marnésia:
        »Le Nôtre hat die Langeweile mit Mauern umgeben.«

S. 65   Saint-Lambert:
        »[…] Die fruchtbare Natur,
        Die Weltenbühne ändert, rund um die Uhr;
        Und wir, in unsren steril geschmückten Gehegen,
        Sie mit planvollen Beschränkungen belegen:
        Welch kurze Freude diese Ordnung, diese Symmetrie,
        Die ewige Langeweile verläßt sie derweil nie.«

S. 66   Jean-Jacques Rousseau:
        »Die Vorliebe für Ausblicke und Fernsichten entspringt
        der Neigung der meisten Menschen, sich nur dort
        wohl zu fühlen, wo sie nicht sind.«

S. 68   William Cowper:
        »Er spricht. Der See hier vorn wird Rasen;
        Wälder weichen, Hügel schwinden, Täler steigen,
        Und Bäche, wie für seine Zwecke da,
        Folgen der Bewegung seines Stabes.«

S. 69   Horace Walpole:
        »Sein Genie wirkte solcherart, daß, wo der Mann am
        glücklichsten, er am wenigsten wird in Erinnerung bleiben;
        so treffend kopierte er die Natur, daß man seine Werke
        wohl verkennen wird.«

S. 70   William Mason:
        »Die streifenden Herden, die zwischen Schatten weiden,
        um Schranken kümmern sich nicht; das stutzige Auge
        macht nicht aus, ob sie auf Rasen oder Weiden grasen.«

S. 71   Horace Walpole:
        »Er sprang über den Zaun und sah, daß die gesamte Natur
        ein Garten war.«

S. 72   Edmund Burke:
         »Ein wahrer Künstler muß die Betrachter in großzügiger Weise
         zu täuschen wissen.«

S. 74   Edmund Burke:
         »Schönheit in der Not ist bei weitem die anrührendste Schönheit.«

S. 74   »Wo die Natur versagte, machte sich Brown an die Arbeit.«

S. 75   Wallace Stevens:
         »Hier zeigt sich der totale Kunstgriff
         Als die totale Wirklichkeit«

S. 77   John Milton:
         »So wand sich dieser durch und flocht aus seinem
         Gewundnen Schweif gar manche bunte Schleife
         Vor Evas Auge, um es herzubannen«
         (*Das verlorene Paradies*, 9, 646–48)

S. 87   John Milton:
         »Der Geist ist selbst sein eigner Ort und macht
         Aus Himmel Hölle sich, aus Hölle Himmel.«

S. 91   T. S. Eliot:
         »Die hinüber sind, sehenden Auges,
         Ins andere Reich des Todes,
         Wenn sie an uns denken, denken sie nicht
         An gewalttätige verlorene Seelen,
         Sondern an hohle Männer,
         An Ausgestopfte.«

S. 119   Marillier:
         Die Fabel und die Wahrheit
         »Die Moral braucht, daß man auf sie hält,
         Der Fabel Maske und der Verse Anmut;
         Die Wahrheit, wenn ganz nackt, mißfällt,
         Eher verhüllt macht sie sich gut
         Als einzige Jungfrau dieser Welt.«

S. 123 Bernard Mandeville:
»Die moralischen Tugenden sind die politische Ausgeburt,
gezeugt von der Schmeichelei und dem Stolz.«

S. 125 Thomas Hobbes:
»Der Mensch ist dem Menschen eine Art Gott,
der Mensch dem Menschen ein reißender Wolf.«

S. 135 Walter Bagehot:
»Das, was wir abfällig als Dummheit bezeichnen, stellt,
obgleich keine erquickliche Eigenschaft im gesellschaftlichen
Alltag, das bevorzugte Mittel dar, mit deren Hilfe die Natur
die Zuverlässigkeit des Verhaltens und den Einklang der
Ansichten gewährleistet.«

S. 155 Jean-Pierre Brisset:
»Die Frösche *krächzten, quäkten, koaxten*, was ist denn das?«

S. 157 Jean-Philippe Rameau:
»Was, was? Sag mir, sag mir, warum?«

S. 158 Wilhelm I.:
»Man möchte mich zum konstitutionellen König machen,
gleich den Göttern der Heiden, die Münder haben und
nicht sprechen, die Beine haben und nicht laufen.«

S. 165 Thomas Paine:
»Vom Erhabenem zum Lächerlichen ist es nur
ein kleiner Schritt.«

Nachweis zu den Übersetzungen

Der Übersetzer der vorliegenden Enzyklopädie hat sich dankbar der unten auf-
geführten Übertragungen bedient, sie jedoch gelegentlich den Erfordernissen des
Textes entsprechend geringfügig abgeändert.

Aristophanes, *Die Frösche*, in: *Komödien*, 3. Bd., München o.J. (1963), Deutsch von
  Ludwig Seeger.
Isaac Asimov, *Wahltag im Jahre 2008*, in: ders., *Geliebter Roboter*, München 1990,
  Deutsch von Walter Brumm.
Étienne de la Boétie, *Über die freiwillige Knechtschaft des Menschen*, Frankfurt/
  Wien 1968, Deutsch von Walter Koneffke.
Edmund Burke, *Philosophische Untersuchung über den Ursprung unserer Ideen vom
  Erhabenen und Schönen*, Hamburg 1989, Deutsch von Friedrich Bassenge.
Samuel Butler, *Samuel Butlers Hudibras. Ein schalkhaftes Heldengedicht*, Freiburg
  i. Br. 1846, Deutsch von Josua Eiselein.
Carlo Collodi, *Pinocchios Abenteuer*, Berlin und Weimar 1990, Deutsch von
  Joachim Meinert.
Dante Alighieri, *Die Göttliche Komödie*, Berlin 1960, Deutsch von Wilhelm G.
  Hertz; *Dantes Werke italienisch und deutsch. Die Göttliche Komödie*. Erster Teil,
  Berlin u. Leipzig, o.J., Deutsch von Konrad zu Putlitz.
T. S. Eliot, *Die hohlen Männer*, in: *Gesammelte Gedichte*, hrsg. von Eva Hesse,
  Frankfurt am Main 1972, Deutsch von Hans Magnus Enzensberger.
Till Eulenspiegel: *Ein kurzweilig Lesen von Till Eulenspiegel*, hrsg. von Günter
  Jäckel, Leipzig 1971.
Lukrez, *Von der Natur*, München 1991, Deutsch von Hermann Diels.
Bernard Mandeville, *Die Bienenfabel*, Berlin (O.) 1957, Deutsch von Otto Bober-
  tag, Dorothea Bassenge und Friedrich Bassenge; Nachdichtung der Verse von
  Christa Schuenke, zitiert nach: Mandeville, *Die Bienenfabel*, Leipzig und
  Weimar 1988, hrsg. von Günter Walch.
John Milton, *Das verlorene Paradies*, Stuttgart 1968, Deutsch von Hans Heinrich
  Meier.
Martinus Nijhoff, *Die Stunde X. Gedichte*, Frankfurt am Main 1989, Deutsch von
  Ard Posthuma.
Jean-Jacques Rousseau, *Vom Gesellschaftsvertrag oder Grundsätze des Staatsrechts*,
  Stuttgart 1986, Deutsch von Hans Brockard und Eva Pietzcker.

Jean-Jacques Rousseau, *Julie oder Die neue Héloïse*, München 1978, Deutsch von Johann Gottfried Gellius.

Paul Valéry, *Monsieur Teste*, Frankfurt am Main 1995, Deutsch von Max Rychner.

Bei der vom Autor zitierten Ausgabe Johann Caspar Lavaters handelt es sich um eine freie niederländische Bearbeitung von dessen vierbändigem Werk *Physiognomische Fragmente zur Beförderung der Menschenkenntniß und Menschenliebe*, Leipzig und Winterthur 1775–78. Im deutschsprachigen Original sind die Abbildungen der beiden Dummköpfe und der Pferde sowie die zugehörigen Bildunterschriften nicht enthalten.

Nachweis der Bildrechte

S. 37   © Roos Aldershoff

S. 48   © P. Hermanides

S. 49   © Warner Bros. Inc

S. 78   © E. van Moerkerken

S. 156   © Kamagurka / www.kamagurka.com

S. 159   © Matthijs van Boxsel

S. 162   © Johan van Dijk

S. 185   © Gummbah, De Harmonie, 1998

Für die freundliche Abdruckgenehmigung danken wir allen Rechteinhabern. Leider konnten nicht alle ermittelt werden. Wir bitten Sie, sich gegebenenfalls beim Eichborn Verlag zu melden.